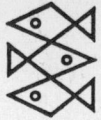

Hans Zulliger

Heilende Kräfte im kindlichen Spiel

Fischer Taschenbuch Verlag

Geist und Psyche
Begründet von Nina Kindler 1964

Ungekürzte Ausgabe
Veröffentlicht im Fischer Taschenbuch Verlag GmbH,
Frankfurt am Main, Februar 1990
Lizenzausgabe mit freundlicher Genehmigung des
Verlags Klett-Cotta, Stuttgart
© Ernst Klett Verlag, Stuttgart 1967
Umschlaggestaltung: Buchholz / Hinsch / Hensinger
Umschlagfoto: © Bildagentur alphapress /
Ursula Zeidler-Dumanski
Druck und Bindung: Clausen & Bosse, Leck
Printed in Germany 1990
ISBN 3-596-42328-7

Inhalt

Dieses Buch verfaßte ich an Hand von Gastvorlesungen, die anläßlich einer Arbeitstagung der Abteilung für Psychosomatische Medizin der Universität Heidelberg gehalten wurden; die Veranstaltung fand vom 16. bis 21. April 1951 statt.

Leiter, andere Dozenten, Hörer und weitere Interessenten ersuchten mich, ihnen meine Ausführungen auch im Druck zugänglich zu machen und versicherten mir, die Publikation müsse bei allen Psychotherapeuten, Psychologen und Pädagogen, auch bei den Eltern größtes Interesse erwecken: das Material sei einmalig, der Hinweis auf eine Therapie ohne Deuten unbewußter Vorgänge und Symbole sei neu.

Die Vorlesungen trug ich dann auch an dem Fortbildungskursus für medizinische Psychologie und psychologische Diagnostik vor, der vom 15. bis 27. Oktober 1951 in Treysa-Hephata, Bez. Kassel, stattfand (veranstaltet von Prof. Dr. med. W. Enke-Marburg a. d. L. und Prof. Dr. phil. Robert Heiss-Freiburg i. Br.); auch hier erweckten sie ein gleiches Echo wie in Heidelberg.

Wenn ich dem Wunsche meiner ehemaligen Hörer Folge leiste, fürchte ich, daß beim Druck mancherlei verlorengehe, was den gesprochenen Vortrag lebendig gemacht hat; dies ist nicht zu verhindern. Ich bin mir auch bewußt, daß mancherlei nur angedeutet und skizzenhaft geblieben ist, was weiter hätte diskutiert werden können; die Zeit, die mir zur Verfügung stand, erlaubte keine sehr breite Bearbeitung — und außerdem halte ich es mit den Franzosen, die sagen: « *Le secret d'ennuyer, c'est tout dire!* »

*

Vier Jahrzehnte Umgang mit gesunden und kranken, mit „normalen" und „schwierigen" Kindern haben mich zur Überzeugung gebracht, daß wir unsere Jugend meist mißverstehen oder überhaupt nicht verstehen, weil wir anders als sie denken und erfassen, und weil wir nicht wissen, wie sie denkt und erfaßt.

Einiges von dem wenigen, das ich über das infantile Denken und die kindliche „Welt-Anschauung" erfahren konnte, möchte ich hier vorlegen, um daran ein paar Erwägungen über die Kinderpsychotherapie anzuknüpfen.

Ittigen bei Bern, November 1951

Hans Zulliger

Vorwort zur vierten Auflage

Am Inhalt der vorausgegangenen Auflagen mußte nichts geändert werden. Ich kann nur bestätigen, daß der Sinn dieses Buches — daß nämlich das frei erfundene Kinderspiel die eigentliche „Sprache" *des Kindes* ist, die zu „verstehen" Eltern, Erziehern, Erziehungshelfern, Psychagogen, Kinderpsychotherapeuten und Kinderpsychiatern obliegt — sich in meiner und anderer Arbeit bestätigt hat; als ebenso nötig ist zu erachten, daß wir dem Kinde, das wir erziehen oder auf psychologischem Wege von psychogenen Abwegigkeiten heilen wollen, mit *seiner* „Sprache" begegnen, mit ihm „reden", ihm „antworten" müssen.

Ittigen bei Bern, November 1962

Hans Zulliger

Erstes Kapitel

Das prälogische, animistisch-anthropomorphisierende,
magische Denken der Kinder,
ihre „Allmacht der Gedanken" und der Wiederholungszwang

———

Eines Morgens findet man seinen Nachbarn damit beschäftigt, den
Gartenzaun mit rötlicher Farbe anzustreichen. Man neckt ihn: „Ist's
wegen der Hoffart?"
„Nein, wegen des Rostes!" gibt uns der Herr Bescheid.
Er sagt uns nichts, was wir nicht bereits vorher wußten. Wir treten
dann in unser Studierzimmer und nehmen ein Buch von Heidegger
zur Hand. Vielleicht kommt einem zunächst die Sprache kompli-
ziert und schwer verständlich vor; aber, nachdem wir uns in die
Existentialphilosophie eingelesen haben, macht sie uns keine
Schwierigkeiten mehr; gefesselt von den Gedankengängen liest man
weiter.
In beiden Fällen haben wir den Mitmenschen „verstanden"; wir
erfaßten das Tun, das Handeln des Nachbarn als eine zweckmäßige,
„vernünftige", logisch begründete Sache, und wir verfolgten die
existentialistischen Abhandlungen darum mit so großem Interesse,
weil diese uns in unserem eigenen Denken ansprachen; entweder
indem sie uns zum Widerspruch reizten oder indem wir fanden,
da habe ein Gelehrter etwas klar formuliert, begründet, in Zusammenhänge und Beziehungen gesetzt, was uns vorgeschwebt, aber
noch undeutlich war; man findet Gedankengänge „vor"-gedacht,
die man selber „nach"-denkt, die einem als „objekt-gerecht" einleuchten und die der „Kritik der reinen Vernunft" standhalten.
Was der Nachbar tat, und was wir im Heideggerschen Buche lasen,
entsprach den Denk-Kategorien der Erwachsenen. Diese arbeiten

nach dem Prinzip der kausalen Reihen, der Logik, der realistisch-rationalistischen Erfassung. — Aber was sagt man zu folgendem: Eine Dame, etwas über fünfunddreißig Jahre alt, Pädagogin von Beruf, hatte den Formdeuttest[1] erlernt; sie besaß bereits einige Erfahrung, mit ihm umzugehen; nun ersuchte sie mich um privaten Fortbildungsunterricht über das Testverfahren, und ich sagte zu. Etwa nach der 6. Lektion kam die Dame einmal — man konnte es ihr am Gesicht ablesen — ziemlich erregt in meinem Hause an und verlangte, kaum hatte sie mich gegrüßt, ein Glas heißes Zuckerwasser. Ihren Wunsch äußerte sie in einem eher befehlenden als bittenden Tone. Ich war erstaunt darüber, denn bislang war die Dame immer sehr höflich und liebenswürdig gewesen. Wenn man weiß, daß sie aus welschschweizerischen Landen herkommt, wird man um so besser verstehen, daß mich der Ton, in dem sie ihren Wunsch vorbrachte, in Erstaunen setzen mußte; die Welschen halten viel auf Konzilianz und Form. Die Dame sagte also nicht: « Je vous en prie! », sie kommandierte — und fast fühlte ich mich gereizt, ihr mitzuteilen, ich sei kein Gastwirt und wisse nicht, warum sie nicht unterwegs ihren Durst in einer Teestube gestillt habe. Aber ich wollte kein Flegel sein und fragte nur, ob sie vielleicht einen Zitronenschnitz oder ein Gläschen Rum ins Zuckerwasser begehre. « Non, seulement de l'eau sucrée et chaude — je meurs de soif! » erwiderte sie, schüttete dann aber doch ein wenig Rum bei, als ich ihr die Flasche aufs Tischchen stellte. „Ich nehme ein wenig", meinte sie mit leichtem Spott lächelnd, „um Ihnen den Gefallen zu tun!" Dann wurde die Sitzung abgehalten und — hierauf vergaß sie, mich zu bezahlen: wir hatten, ihrem Wunsche gemäß, miteinander vereinbart, daß dies jedesmal gleich nach den Stunden geschehen sollte, und bislang hatte sie es nie versäumt. Auf das Versäumnis machte ich sie absichtlich nicht aufmerksam. Zwei Tage später erhielt ich einen Brief von ihr. Ich vermutete, sie sende mir mein Honorar. Aber ich täuschte mich. Sie teilte mir nur mit, die letzte Lektion habe sie auf seltsame Art freudig gestimmt, und

---

[1] *Siehe Anmerkung S. 87.*

sie sei noch jetzt darüber beglückt. Zwölf Tage später wurde eine nächste Sitzung abgehalten. Die Dame kam, setzte sich hin, zog ein kleines, verschmutztes Brieftäschlein hervor und öffnete es. Darin lagen alte, teilweise zerrissene, zerknüllte Fünffrankennoten. Mit spitzen Fingern, so wie man etwas Grausiges anfaßt, zerstreute sie die Scheine auf dem Tisch.

„Da ist Ihr Honorar für die letzte und die heutige Lektion", rief sie aus. „Ich habe die allerältesten, wüstesten, schmutzigsten Scheine gesammelt — da — nehmen Sie den Dreck! Geld ist Dreck! *C'est de la merde!*" Sie zögerte ein Weilchen, dann klang es wie wütend: „Nehmen Sie doch die Wische weg, ich mag sie nicht mehr sehen!"

Ich sammelte das Geld, und statt die gewohnte Arbeit zu beginnen, schlug ich dem Fräulein vor, wir wollten uns erst ein wenig über ihr außergewöhnliches Tun unterhalten. Sie war damit einverstanden, erklärte jetzt, es sei ihr selber „kurios" vorgekommen — und außerdem habe sie in der vergangenen Nacht über mich geträumt.

Nicht wahr, man kann sich des Eindruckes nicht erwehren, es sei da etwas Absonderliches geschehen. Uns ist unverständlich, wieso sich die Dame in der geschilderten Weise verhalten hat. Es gelingt uns nicht, uns in sie einzudenken. Mit unseren üblichen, den Denkkategorien der Erwachsenen können wir das Verhalten meiner Schülerin nicht erfassen, wie wir das Tun unseres Nachbarn „begriffen", der den Gartenzaun anstrich. Ebenso rätselhaft ist uns, was die Dame spricht. Es deucht uns „unbegründet", unverständlich. Wenn ich die Szenen einem gewöhnlichen Bürger erzähle, wird dieser den Kopf schütteln und von „Weiberlaunen" sprechen, oder er wird erschrocken fragen, ob es wohl dem Fräulein ein wenig im Oberstübchen fehle.

Nein: weder ist die Dame verrückt, noch folgte sie einer „unerklärbaren Laune". Als Psychologen erraten wir, daß ihre Aufführung einen guten Sinn haben müsse.

Dieser wird wohl unmittelbar deutlich, wenn ich den erwähnten Traum meiner Schülerin referiere. Er lautet: „Ich lag krank im Bett. Eine dickliche, alte Frauensperson pflegte mich. Ich verlangte zu

trinken. Sie kam mit einem Milchfläschchen und stülpte das Gummi-
zäpfchen auf. Dann erklärte sie aber, sie gebe es mir nur unter der
Bedingung, daß ich vorerst aufs Töpfchen gehe. Ich blickte wütend
auf sie hin und sah, daß *Sie* dastanden. Die Szene war verwandelt.
Ich saß hier im Lehnstuhl und wartete auf die Lektion. Statt sie
zu beginnen, zogen Sie ein silbernes Etui hervor und fragten mich,
ob ich eine Zigarette wünsche. Ich ergriff eine und erkundigte mich
lachend, ob diese in Ihrem Honorar inbegriffen sei — und dann
erwachte ich über einem Geräusch auf der Straße."

Damit die Situation noch besser verständlich wird, muß man zur
Kenntnis nehmen: an jenem Tage, da die Dame ein Glas Zuckerwasser verlangte, hatte sie zuvor beobachtet, daß eine andere, ungefähr gleichaltrige Schülerin von meinem Hause wegging. — Zu
der dicklichen Frauensperson im Traume fällt der Träumerin ein,
daß sie einst als Kleinkind eine Nährmutter hatte, die einen eigenen
Säugling besaß — es war also sozusagen eine Zwillingsschwester
vorhanden, mit der die Nahrung geteilt werden mußte. Auf diese
Zwillingsschwester war meine Schülerin sehr eifersüchtig, sie fühlte
sich ihr gegenüber benachteiligt und hatte den Eindruck, sie müsse
ihretwegen verhungern. Dann verstarb das Kind der Nährmutter
— und die Leute im Dorfe behaupteten, der Tod sei darum ein-
getreten, weil die Nurse ihre Muttermilch einem „fremden" Mädchen gegen Geld verkauft habe. Dieser Vorwurf, erzählt die Dame,
habe ihre ganze Kindheit überschattet, sie mußte ihn jedesmal hören,
wenn sie von ihren Eltern zu der ehemaligen Nährmutter aufs Land
in die Ferien gegeben wurde.

Die Schülerin hatte also in einer Übertragungseinstellung[1] ein Stück
ihrer Kindheit an mir agiert. Sie war einer unbewußten Personen-
verwechslung und einer Regression[2] erlegen. Ich bedeutete für
die Dame die Nährmutter; das Glas heißes Zuckerwasser, die Zigarette im Traum, aber auch mein Unterricht standen an Stelle der
Muttermilch. Ich sollte keine Gegenleistung verlangen, kein Hono-

---

[1] Gefühls-Einstellung, die eigentlich anderen Personen gilt.
[2] Rückfall ins Frühkindhafte.

rar. Das Honorar entsprach in der Phantasie der Dame den Fäkalien, welche die Nährmutter von dem Pflegekind ins Töpfchen verlangte und welche das kleine Mädchen als „Entgelt" für die Nahrung auffaßte, wie das der erzählte Traum sehr deutlich macht.

Und das absonderliche Verhalten der Schülerin war ausgelöst worden durch die Beobachtung, sie habe auch bei mir eine „Zwillingsschwester", nämlich meine zweite Schülerin, eine Konkurrentin, die ihre Eifersucht erweckt hatte.

Gewiß sind auch Schuldgefühle vorhanden: die Dame glaubt zu sterben, wenn sie das Zuckerwasser nicht erhält — sie leidet an Wiedervergeltungsangst für den phantasierten Mord an der einstigen „Zwillingsschwester".

Wir wollen unseren tiefenpsychologischen Exkurs nicht weiter verfolgen. Ich habe von meiner Schülerin erzählt, um darauf aufmerksam zu machen, es seien in uns, selbst wenn wir erwachsen sind, hin und wieder noch andere als die für ausgereifte Menschen typischen Denkkategorien wirksam — wir dächten und handelten mitunter nicht nach den Gesetzen des Logisch-Rationalen, wir fielen in eine Art Weltauffassung und in ein Denken zurück, das für die Kinder charakteristisch ist und das sich vom Auffassen und „Denken" der Erwachsenen grundsätzlich unterscheidet. Es handelt sich um das „prälogische" Denken — um das Denken in Sinnbildern — um das „Denken unseres Unbewußten".

Wir regredieren[1] auf dieses Denken hauptsächlich dann, wenn uns kräftige *Affekte* bewegen. Und alsdann verstehen wir uns später, wenn wir uns, beruhigt, überlegen, was wir unter Einwirkung der Affekte gedacht und getan, nicht; unser Denken und Handeln kommen uns „kurios" vor, unbegreiflich. Denn *wie* wir einst als Kinder „dachten", unterlag der Amnesie[2]; das infantile Denken ist uns „fremd" geworden darum, weil wir uns jahrelang daran gewöhnten, bei wachem Bewußtsein *nur* noch, ausschließlich, logisch-

---

[1] sich rückentwickeln — in seiner Haltung auf eine frühere Entwicklungsstufe zurückfallen.

[2] Vergessen durch Verdrängen ins Unbewußte.

rational zu denken. Und darum kommt uns das, was das Kind denkt und wie es aus seinem Denken heraus handelt, unverständlich, unbegreiflich, verworren, sprunghaft, rätselvoll usw. vor. Als Erwachsene sehen wir die Welt anders als das Kind, und wir haben Mühe, uns in die Weltanschauung des Kindes und damit in sein „Sein" einzudenken.

Wenn wir uns anschicken, Kinder-Psychotherapie zu treiben, gilt als allererste Bedingung, daß wir das prälogische Symboldenken der Kinder zu verstehen trachten. Dabei genügt nicht, zu wissen, das Denken der Kinder sei „prälogisch". Der Terminus „prälogisch" ist oft — wie so mancher andere — nur ein Wort, das sich zur rechten Zeit einstellt, wenn Begriffe fehlen. Die Etikettierung der infantilen Denkkategorien mit den Wörtern „prälogisch", „animistisch", „anthromorphisierend", „magisch" usw. bleibt schablonen- und schemenhaft, falls wir nur abstrakt-theoretisch erfassen, was wir konkret und einfühlend „begreifen" sollten.

Ist es nicht besonders in intellektuellen Kreisen häufig so, daß ein abstrakter Begriff sie daran hindert, das Wesentliche, den Kern der Erscheinungen aufzufassen?

Wir sehen ein Kind mit einem Holzscheit spielen. Es hat es in Lumpen gewickelt, es spricht mit ihm, es läßt sich — durch seinen eigenen Mund — vom Scheit mitteilen, was dieses will, möchte und denkt. Es hält mit ihm Zwiesprache, reicht ihm Essen und Trinken, bettet es in eine Kartonschachtel als „Wiege" usw. Und wir sagen lächelnd: „Das Kind nimmt das Scheit für seine Puppe — es phantasiert das Holzstück in eine Puppe um und spielt mit ihr — und dies entspricht dem anthropomorphisierenden Denken nach Kinderart!"

Wir irren. Das Scheit ist nicht „an Stelle" der Puppe, es ist nicht einmal nur „die" Puppe: es ist das Kind des Kindes, und was es mit dem Scheite treibt, ist viel mehr als das, was uns Erwachsenen ein „Spiel" bedeutet. Das mit dem Scheit spielende Kind hält das, was wir als sein „Spielzeug" auffassen, für sein lebendiges Kind, das es pflegt. Nur dann, wenn wir dies begriffen haben, können

14

wir uns in das „spielende" Kind einfühlen und eindenken und verstehen, daß es um sein Scheit Tränen der bittersten Trauer weinen, höchste Freuden und tiefstes Herzeleid empfinden kann. Man nehme dem Kinde sein „Kind" weg und werfe es in den Ofen — man wird erschrocken sein über die Reaktionen des (wirklichen) Kindes! Wir haben einen glatten Mord begangen — und unser Kind fühlt in starrem Erschrecken, wozu wir fähig sind und — was es selber von unserer Seite her erwarten könnte!

Ein etwa dreijähriger, aufgeweckter, zutraulicher, frohmütiger Bub trifft zufällig einen Hausgenossen im Waschkeller an, der eben ein Kaninchen totgeschlagen hat. Der Knabe, Peter mit Namen, steht starr vor Schreck. Als ob er in Trance versetzt worden wäre, schaut er zu, wie der Mann dem getöteten Tiere die Haut abzieht und es nachher in Stücke zerlegt. — Nachher amnesiert[1] Peter die traumatische Szene[2]. Aber er ändert seinen Charakter. Der Bub wird menschenscheu, ängstlich, mißtrauisch und insichgekehrt-verschlossen. Er ist nicht mehr das frohmütige Kind von früher, und es können an ihm phobische[3] Züge festgestellt werden. Auf einmal hat Peter Angst vor dunklen Räumen. Er, der früher Fleisch mit Vorliebe genoß, verweigert nun solche Speise. Zwingt man ihn zum Fleischgenuß, gehorcht er wohl, aber nachher erbricht er sich. Mit etwa sechs Jahren nimmt ihn die Mutter einmal auf eine Reise in die Stadt Bern mit, und auf dem Kornhausplatz wird der Knabe des Kindlifresser-Brunnens gewahr: Auf dem Brunnensockel steht die Figur des Unholdes, der eine Tasche voller Kinder umgehängt hat und eines von ihnen in seinen Mund steckt, um es zu verschlingen. Nach der Rückkehr zeigt sich bei Peter ein weiteres psychosomatisches Symptom: Er beginnt von neuem mit Bettnässen.

Der kleine Peter hat das Kaninchen nicht als Kaninchen, sondern als Bruder aufgefaßt — als menschliches Wesen. Er hat sich mit dem Tierchen identifiziert. Was dem Kaninchen geschah, hätte auch ihm,

---

[1] ins Unbewußte verdrängend vergessen.
[2] seelisch verwundendes Erlebnis.
[3] Züge von (scheinbar) unbegründeter Angst.

Peter, geschehen können. Es ist uns leicht verständlich, daß Peter phobische Erscheinungen entwickelt. Sie ersparen ihm Angst. Er braucht nur die dunklen Räume zu vermeiden, um keine oder um weniger Angst haben zu müssen, Todesangst. Fleisch will er nicht, *kann* er nicht weiter genießen, um zu vermeiden, daß das „Verdrängte" — die traumatische Szene — wiederbelebt werde; außerdem will er nicht „schuldig" werden am Kannibalismus, denn für sein „Denken" — für seine Phantasie, gilt das für das Unbewußte geltende Talingesetz: Was Peter verbricht, wird vergolten, wird an ihm auch „verbrochen" — „Auge um Auge, Zahn für Zahn!" — Und dann zeigt ihm die Brunnenfigur in aller Deutlichkeit, es *gebe* Unholde, die Kinder verspeisen. Jetzt weiß er sich nicht mehr anders zu helfen, als daß er in die Frühzeit des Kindes regrediert — ins Bettnässen, das den Zweck hat, den Schutz der Mutter herbeizurufen, sich durch „Schwäche" der mütterlichen Schutzmacht zu versichern.

Wir sagen: „Peter nimmt das Kaninchen als ‚Sinnbild' eines Bruders!" Nein! Das, was uns als Sinnbild imponiert, ist für den kleinen Knaben kein Sinnbild, sondern *Wirklichkeit*, zugleich innere und äußere Realität. Was dem Kaninchen geschehen ist, bedeutet für Peter kein: „als ob" (Vaihinger[1]) einem Brüderchen etwas geschehen wäre. Dem Brüderchen *ist* etwas geschehen, das Tierchen *ist* in Peters Denken ein *Kind, ist er selber*. Für das Denken des Kindes gibt es kein „als ob", alles Geschehen ist „an sich".

Das Kind unterscheidet noch nicht zwischen äußerer und innerer (phantasierter) Realität, wie es die Erwachsenen zu tun vermögen. Das Phantasieprodukt, der „Traum", ist für das Kind „Wirklichkeit" — so der nächtliche wie auch der Tagtraum.

Ein zweieinhalbjähriges Mädchen wird an einem Nachmittag zu Bett gelegt. Als es erwacht, prahlt sein älterer Bruder damit, er sei inzwischen auf dem Rummelplatz gewesen und auf dem Karussell gefahren. Darauf die Kleine, ohne sich in Neid versetzen zu lassen,

[1] Hans Vaihinger, *Die Philosophie des Als ob*. Berlin, 1911

16

triumphierend: „Und Änneli (das ist sie) ist bei Großmutti gewesen, Eisenbahn gefahren, Grosi hat Kuchen gebacken, oh, war so gut!" Das Mädelchen wurde vom Traum dafür entschädigt, daß es hat schlafen gehen müssen — der Traum hat ihm einen seiner heißen Wünsche erfüllt, und die kleine Träumerin nimmt ohne weiteres an und weiß noch gar nichts anderes, als daß der Traum der Wirklichkeit entspreche. Es stellt nicht fest, es habe „nur" geträumt.

Ein Dreijähriger sah einst an einem Nachmittag den Zeppelin über das Dorf fliegen, hörte, wie die Eltern begeistert davon redeten und den Wunsch aussprachen, auch einmal des Genusses einer Reise im Luftschiff teilhaftig zu werden. Am Morgen darauf, als das Bübchen erwacht, erzählt es der Mutter: „Ich bin mit dem Zepp gefahren, du auch, Vatti auch!"

Eine Dame aus Frankfurt hat mir einst berichtet: sie legte an einem Abend, während ein Gewitter über der Stadt tobte, ihren ungefähr zweieinhalbjährigen Buben zu Bett. Er stand in der Wiege auf und knipste das elektrische Licht an und aus. Dazu bemerkte er stolz: „Jürg auch Blitze machen!" Darauf ließ er, wohl zufällig, einen lauten Flatus fahren, horchte einen Augenblick lang, als wäre er erstaunt, in sich hinein und rief dann beglückt: „Auch Donner macht Jürg!"

Dieses Beispiel — ich könnte es durch andere vermehren — zeigt deutlich, wie das Kind die äußere Realität umdeutet und die Umdeutung für Wirklichkeit hält. Außerdem illustriert es den Begriff von der im Kleinkind wirksamen ich-bezogenen „Allmacht der Gedanken". Es *„erschafft"* die Welt und ihre Erscheinungen — und es ist noch „eins" mit der Welt, wie es in seinen ersten Lebenstagen noch eins ist mit der Mutter[1].

Die „Allmacht der Gedanken" ist es, die aus dem Holzscheit das

---

[1] Den Zustand des Noch-eins-Seins mit der Umwelt, wie er während der pränatalen und der allerersten postnatalen Existenz vorhanden ist, hat Thure von Uexküll als *„vor-magischen"* bezeichnet. (Diskussion im Anschluß an die diesem Buch zugrunde liegenden Vorlesungen.)

„Kind" des Kindes macht und alles belebt, beseelt. Darum ist der Hammer, mit dem es sich auf das Händchen getroffen, ein „böser Hammer", dem es den Schlag zurückversetzt; die Gießkanne, mit deren Inhalt sich der Bub die Kleider näßte, ist eine „schlimme Spritzkanne", auf deren Leib er zur Wiedervergeltung seinen Harnstrahl richtet — und bereits werden Hammer und Gießkanne schon ahnungsweise als etwas nicht mehr ganz dem eigenen Sein und Wollen Botmäßiges empfunden — als Dinge, die einen eigenen Willen besitzen, als „objektive" Welterscheinungen. An der „Tücke des Objektes" lernt das Kind erfahrungsmäßig und allmählich erkennen, es sei nicht „allmächtig", und es bestehe eine Welt außerhalb von ihm, die ihren eigenen Gesetzen gehorcht. Nach und nach öffnet sich ihm der Blick für das „Objektive" und die äußere Realität, und zugleich beginnt es, zunächst nur episodenhaft, unsicher und versuchsweise, kausal zu denken. Sobald es sich jedoch etwas nicht kausal-rational zu erklären vermag, nimmt es sein ursprüngliches, das prälogische Sinnbilddenken, die Phantasie zu Hilfe, die noch bei weitem in ihm überwiegt. Oft verwendet es intermittierend beide Denk-Arten — oder es benutzt sie gleichzeitig.

Da saß mir einst im Eisenbahnzug eine Mutter mit einem ungefähr vierjährigen Büblein gegenüber. Es fragte in einem fort, und die Mutter mühte sich, geduldig zu antworten. Schließlich versuchte sie, ihren Kareli mit einem Apfel abzulenken. Aber die Fragerei ging weiter.

Als ich merkte, *was* der Bub eigentlich fragen wollte, zog ich mein Notizbüchlein hervor und machte mir stenographische Aufzeichnungen.

Mutter und Kind sprachen in der Mundart (die wohl nicht jeder Leser gut verstehen könnte), ich will versuchen, das Gespräch zu übersetzen.

Kareli — nachdem er den Apfel erhalten hat und ihn prüfend in den Händen herumdreht: „Gelt, Mutti, der Apfel ist nicht wurmstichig?"

Die Mutter: „Ei — nein, das siehst du ja!"

Kareli: „Aber, Mutti, *wenn* er wurmstichig wäre, wo wäre der Wurm herausgeschlüpft?"

Die Mutter, verlegen lächelnd: „Du bist ein rechter törichter Bub! — Guck du lieber ein wenig zum Fenster hinaus — schau, die Sonne scheint so schön in den Buchenaufwuchs (Wald von jungen Buchen), und die jungen Blättlein glänzen!"

Kareli blickt hinaus, dann, nach einer Weile: „Gelt, Mutti, Sonne und Mond sind nicht das gleiche?"

Mutter: „Nein, das sind sie nicht!"

Kareli: „Warum sind sie nicht das Gleiche?"

Mutter seufzt, dann: „Du weißt es ja: die Sonne scheint am Tag, der Mond und die Sternlein in der Nacht!"

Kareli: „Und — die Sternlein, sind das Stücklein vom Mond?"

Mutter, leicht belustigt lächelnd: „Vielleicht!"

Kareli: „Hat der Mond sie ausgespien?"

Mutter: „Du bist ein Frägli, ein dummer!"

Kareli, unbeirrt: „Bitt schön, sag doch!"

Mutter: „Ich weiß es nicht, laß mich in Ruhe!"

Kareli: „Gelt, die Sternlein sind die Kinderchen des Mondes?"

Mutter, wieder lächelnd, freundlich: „Am End' gewiß doch, Kareli!"

Kareli: „Hat die Sonne auch Kinder? Man sieht nie solche, immer nur sie allein!"

Mutter verliert die Geduld, herrscht den Kleinen an: „Ach, hör doch jetzt endlich mit der Fragerei auf, Bub, mir schlägt's auf die Nerven!"

Eine Frau jenseits des Ganges rief dem Buben, und als er weg war, fing ich mit der Mutter Karelis ein Gespräch an. Ich erkundigte mich, ob ihr Söhnchen vielleicht in jüngster Zeit Zeuge geworden, daß in seiner Nachbarschaft ein Kindlein auf die Welt gekommen sei.

Die Mutter schaute mich betroffen an. „Woher wissen Sie es?" rief sie leise aus. „Wir kommen doch eben von meiner Schwester, die einem Mädchen das Leben geschenkt hat. Kareli hatte Freude an seinem kleinen Kusinchen und wollte immer wissen, woher es gekommen. Wir hatten die liebe Mühe, ihn zu beschwichtigen!"

„Darf ich fragen, *wie* Sie ihn beschwichtigten?"

„Wir teilten ihm mit, das verstehe er noch nicht, und wir vertrösteten ihn auf später!"

Wir haben ein Büblein vor uns, das sich in der Symbolsprache nach der Menschwerdung, dem Unterschied der Geschlechter und der Beziehung zwischen Mutter, Kind und Vater erkundigen möchte. Kareli fragte zuerst — damals, als er sein Kusinchen sah — direkt: so, wie ein Erwachsener fragt. Als ihm eine ausweichende Antwort beschieden wurde, benutzte er die Sinnbildsprache.

„Wo wäre der Wurm herausgeschlüpft?" heißt: „Wo ist das Kusinchen hergekommen?"

„Sonne und Mond sind nicht das gleiche", bedeutet: „Besteht ein Geschlechtsunterschied zwischen Mann und Frau? Inwiefern?" —

„Hat die Sonne auch Kinder? Man sieht nie solche, immer nur sie allein", enthält die Kinderfrage, ob der Mann auch imstande sei, Kinder zur Welt zu bringen. Denn darüber sind unsere Kinder ja oft im Zweifel und phantasieren, die Mädchen kämen von den Frauen, die Knaben von den Männern. Kareli ist über diese Auslegung im Zweifel; deshalb stellt er fest, die Sonne habe keine Kinder, und er möchte die autoritäre Antwort der Mutter vernehmen, um etwas sicher zu wissen. Sicher ist er aber, daß die Frauen Kinder bekommen, darum fragte er: „Gelt, die Sternlein sind die Kinderchen des Mondes!"

Wir sehen auch in den Fragen Karelis die infantile Tendenz, die Dinge zu verlebendigen und zu beseelen. Der Mond, die Sterne, die Sonne, aber auch der Apfel, der Wurm werden vermenschlicht, und zwar: dies geschieht nicht etwa nur als Spiel im Sinne einer beabsichtigten „Personifizierung", wie wir sie bei unseren Dichtern so oft finden. Die Vermenschlichung ist ernst gemeint und sie ist ursprünglich.

Betrachten wir noch einen anderen wesentlichen Zug an Karelis Fragen: den *Wiederholungszwang*. Weil der kleine Knabe von einem ungelösten Problem beunruhigt ist, besänftigt ihn die Auskunft der Mutter und der Tante nicht. Bewußt gibt er sich damit zufrieden, etwas noch nicht zu verstehen und warten zu müssen. Das Unbewußte jedoch kennt kein Warten. Darum wiederholt Kareli seine Fragen auf der „magischen" Denkstufe, indem er sich nach dem Wurm, den Stücklein vom Mond, den Kinderchen des Mondes erkundigt.

Der Wiederholungszwang ist bei kleinen Kindern überhaupt auffällig. Das Märchen, das ihnen die Mutter erzählt hat, muß sie ihnen immer wieder erzählen, und die Repetition muß wortwörtlich genau mit der ersten Erzählung übereinstimmen. Sonst werden die Kinder unsicher, was gelte — daraus entsteht ein Konflikt; um ihm zu entgehen, verlangen die Kinder die „genaue" Wiederholung einer gehörten Geschichte.

Einer der Gründe, warum das Kind ein Märchen immer wieder und weshalb es dieses genau nach dem Muster der erstmals vernommenen Version hören will, liegt darin, eine präzise Bestätigung, und damit eine Beruhigung zu erhalten. Denn die Märchen — die erzählende Mutter weiß in der Regel darüber nichts — erteilen dem Kinde Auskunft über mancherlei Fragen, die es brennen — insbesondere über Sexualfragen. *Rotkäppchen* enthält eine Zeugungs- und Geburtstheorie, ebenso *Der Wolf und die sieben Geißlein*, *Hänsel und Gretel* usw. Die Zeugungs- und Geburtsphantasie lautet: ein Kind entsteht, weil die Mutter ein Kind ißt, und es kommt zur Welt, indem ihr der Vater den Leib auftrennt. Mutter, Großmutter und Wolf im *Rotkäppchen* sind für die Phantasie des Kindes, welches das Märchen hört, ein und dieselbe Person: die Mutter; der Jägersmann, der den Wolf aufschneidet, so daß Rotkäppchen wiederum zur Welt kommt, ist der Vater. Ebenso sind Wolf und Uhrkasten in den *Sieben Geißlein*, aber auch die alte Geiß Mutterbilder — in *Hänsel und Gretel* sind es die Hexe und ihr Ofen.

Ich beschränke mich auf diese Andeutungen und möchte nur beifügen, es komme nicht von ungefähr, daß zahlreiche Kinder das

Storchenmärchen einer naturalistischeren Zeugungs- und Geburts-Aufklärung vorziehen. Sie tun es, weil sie vom Storchenmärchen besser angesprochen werden. Es ist wahrscheinlich der Überrest eines Märchens aus der *totemistischen* Urzeit, das, könnten wir es ergänzen zu seiner ursprünglichen Gestaltung, vollständig über die Sexualvorgänge Auskunft erteilt.

Gewiß werden mir Leute mit psychoanalytischen Kenntnissen jetzt entgegenhalten, das „richtig aufgeklärte" Kind nehme die Storchen-Theorie dann wieder auf, wenn es als etwa Fünfjähriges in der ersten Blüte des Ödipuskomplexes und des Kastrationskomplexes stehe. Dies lehre die Beobachtung. Es verdränge, was es wisse, weil in dem entsprechenden Entwicklungsstadium — anders als in früheren Phasen — alles angsthaft verpönt werde, was mit den Organen am Unterleib im Zusammenhang steht.

Zweifellos besteht diese Auffassung zu Recht. Aber dem zwei-, dreijährigen Kinde, das, von einem äußeren Anlaß bewegt, sich Gedanken über Zeugung und Geburt macht, liegt die Storchentheorie näher als die naturalistische Aufklärung, weil sie, die Storchentheorie, dem infantilen „Denken" adäquater ist, nämlich der Welt des Bildhaften, der Symbolik und des Totemistischen.

Nebenbei bemerkt: unter dem Einfluß unserer Kindheitsamnesie und der Sexualverdrängung erliegen wir Erwachsenen ganz allgemein der Illusion, daß sich die „unschuldigen" Kinder erst in ihren späteren Kinderjahren um die Vorgänge der Zeugung und Geburt interessieren und daß sich das Interesse für diese Belange nur an aktuellen Erlebnissen entzünde. Dies geschehe, wie bei unserem Kareli, etwa dann, wenn in der Familie oder in deren nächster Umgebung ein Säugling zur Welt gekommen sei.

Aus der direkten Beobachtung im Umgang mit Kleinkindern habe ich Grund, zu glauben, eine solche äußerliche akzidentielle Ursache sei nicht regelmäßig die Bedingung zum Erwachen des Sexualinteresses. Das Kleinkind macht sich Gedanken über seine eigene Entstehung und Herkunft, sobald es seiner als einer Person bewußt wird und sein „Ich" entdeckt — sobald also die Einheit mit der

Welt gesprengt ist und die Objekte als „ich-fremd" empfunden werden.

Es sei erlaubt, diese Auffassung mit einer Erfahrung zu belegen. Ein kleines Mädchen, Nachzüglerin und letztes Kind einer Kleinbauernfamilie, ungefähr zweieinhalb Jahre alt, trieb ein „ekelhaftes" Spiel. Wenn es sich nicht unter Kontrolle fühlte, defäzierte es und formte aus den Kotballen Püppchen, die es dann verspeiste. Seine Mutter verbot ihm das Spiel, schalt ihr Kind aus, bestrafte es, als es die „Unart" wiederholte. Die Kleine antwortete heulend: „Will Susi Kind haben!"

Offenbar stellte sich das Mädchen die Zeugung oral, die Geburt anal vor. Derlei Theorien von Kleinkindern sind uns bekannt: Der Pfarrer gibt der künftigen Mutter anläßlich der Trauung eine geheime kinderzeugende Speise zu essen, der Vater holt sich beim Arzt, in der Apotheke oder bei der Hebamme etwas, das er der Mutter zu schlucken gibt — und daraus entsteht dann in ihr ein Kind, das anal zur Welt gebracht wird. — Selten jedoch werden uns die infantilen Zeugungs- und Geburtstheorien so deutlich wie bei dem erwähnten Kleinbauernmädchen, das sie agierte. Darum — und auch deshalb, weil dieses Kind nicht durch das Erscheinen eines Säuglings in seiner Umgebung zur Sexualforschung angetrieben worden ist, habe ich das Beispiel berichtet.

Auch an ihm wird uns das Magische, das Zauberhafte des infantilen, vorlogischen Denkens auffällig. Durch eine Art „Zauber" will das Kleinbauernmädchen zu einem Kinde kommen.

Das Magische im kindlichen Denken ist besonders in den Kinderspielen, und zwar in den selbsterfundenen, selbstgewählten, leicht festzustellen. Es dient der Bemächtigung der Umwelt.

Ein Kleinkind, elf Monate alt, das kriechen gelernt hat und eben von der Brustnahrung entwöhnt worden ist, erfindet folgendes Spiel: Es wirft einen fleischroten, großen Gummiball von sich. Dann sucht es mit Lauten der Klage und Trauer nach ihm, kriecht ihm nach. Sobald es ihn findet, jauchzt es freudig auf und packt ihn mit beiden Händchen. Es preßt ihn an sich und beißt darein. Der

Speichel netzt den Ball. Nachher wirft es ihn wieder fort, um ihn neuerdings kriechend zu suchen.

Was hat das Spiel (das für das Kind kein „Spiel" ist) für einen Sinn, und warum `wird es stundenlang wiederholt? Das Kind „spielt" Entwöhnung. Es leugnet sie und es versucht, sich mit ihr abzufinden. Es „übt" Entwöhnung, indem es den Ball, Symbol der Mutterbrust, von sich wirft, und es verleugnet sie, indem es sich davon überzeugt, es finde die Brust wieder. Das Entwöhnungs-Trauma soll bagatellisiert und ungefährlich gemacht werden. Der Ball entspricht der Mutterbrust, die kommt und verschwindet; an Hand des „Spieles" mit dem Ball sucht sich das Kind mit dem Verluste der Mutterbrust abzufinden.

Das Kind verhält sich ähnlich wie der Kriegsneurotiker, der in seinen Träumen die traumatische Verschüttungsszene immer wieder erlebt zum Zwecke der Bearbeitung und der Meisterung.

Ich gebrauche diesen Vergleich nicht zufällig. Freud[1] hat gesagt, das Kind und der Neurotiker bewegten sich auf der gleichen Denkstufe — wie ebenfalls der „Wilde"; und über diesen — in Parallele gesetzt mit dem Kinde — werden wir noch zu reden haben.

Bleiben wir noch einen Augenblick lang beim spezifisch Magischen der Kinderspiele. Es steht ganz besonders dann in Blüte, wenn das Kind so weit entwickelt ist, daß es Schuldgefühle empfindet — also auf der Stufe des Ödipuskomplexes, wenn dieser im Begriffe steht zu zerfallen und sich die ersten Züge des Über-Ichs aufbauen. Es handelt sich um das Alter von viereinhalb bis sieben Jahren. Ein Bub vermeidet, wenn es geschneit hat, in die Fußstapfen anderer Leute zu treten und behauptet, daß, täte er es, die anderen sterben müßten. Das „Spiel" entspricht einem Vermeidungszeremoniell und verrät hintergründige Todeswünsche.

Ein anderer Bub schritt von Zeit zu Zeit über ein hohes Brückengeländer. Unten rauschte der reißende Fluß. Wäre der Bub gefallen, so wäre er sicher ertrunken. Er erklärte, er wolle prüfen, ob

---

[1] Sigmund Freud, *Totem und Tabu*, Gesammelte Schriften, Bd. IX, Wien und London, 1941

Gott ihn liebhabe; wenn Gott ihn liebhabe, dann lasse er ihn nicht in den Fluß fallen. Ein dritter Bub hatte den Brauch, jedesmal, wenn sein kränklicher Vater das Bett hüten mußte, vor fahrenden Lastwagen über die Straße zu laufen. Falls ihn die Wagen nicht erfaßten, behauptete er, werde der Vater wiederum gesund.

Wer prüft, ob Gott ihn so liebhabe, daß er ihn am Leben erhalte, fühlt sich zweifellos des Todes schuldig. Und wer seinen kranken Vater durch einen Prüfungszauber am Leben erhalten will, sich selber dem Tode darbietend, tut dies wohl ebensosehr aus Schuldgefühlen wie aus Liebe.

Eindeutig ist der Zauber eines sechsjährigen Mädchens. Es hatte mit seiner um acht Jahre älteren Schwester einen Streit gehabt; nun stahl es ihr den Ball und zerstach ihn. Dazu fauchte es in wütendem Tone: „So — und so — da hast du! — fühlst du es, wie?" Offenbar galten die Messerstiche der „Feindin", und das Spiel erinnert uns an die Wilden, die all ihren Besitz eifersüchtig davor hüten, in die Hände anderer Menschen zu kommen; denn diese könnten ihn dazu benutzen, einen „bösen Zauber" zu treiben und den rechtmäßigen Besitzer zu vernichten — *„pars pro toto"* [1].

Ich darf hier abbrechen. Ich habe darzustellen versucht, daß das Kind anders „denkt" als wir Erwachsenen — daß es nicht „logisch", nicht in unserem Sinne „kausal" und „rationalistisch", nicht „vernunft- und verstandesgemäß" denkt, sondern prälogisch, animistisch, anthropomorphisierend und magisch.

Wenn man sich anschickt, diese Art des Denkens deutlich zu machen, sieht man sich gezwungen, konkrete Beispiele zu erzählen. Es gelingt auf keine andere Weise, Begriffe mit Inhalten auszufüllen.

Würden wir ausschließlich mit Begriffen fechten, dann liefen wir Gefahr, einander mißzuverstehen. Begriffe sind wie Hüllen, die ebensoviel verbergen, wie sie erkennen lassen, und in die man dies oder das nach eigenem Ermessen oder Belieben hineindeuten kann. Um dies zu vermeiden, erläutert man gewöhnlich die Begriffe mit Definitionen. Diese sind oft wiederum abstrakte Begriffe, die ab-

---

[1] den Teil für das Ganze nehmen und auffassen.

gegrenzt werden müssen, damit wir ihre Tragweite präzis erfassen können.

Und Begriffe sind geistige Symbole, die auf dem Wege der Abstraktion aus der Summe gleichartiger *Erfahrungen* destilliert worden sind.

Ich habe hauptsächlich drei Gründe, eher Erfahrungsmaterial als Begriffe vorzulegen. Erstens komme ich aus der Erfahrung, aus der Praxis; tagtäglich stehe ich im Umgang mit vielen Kindern, mit gesunden und mit kranken. — Zweitens gewöhnt man sich bei solcher Arbeit an das konkretorische [2] Denken und Darstellen, man erkennt seine Vorteile und sagt sich, das Begriffliche, die Abstraktion, die Theorie ließen sich ohne allzugroße Mühe herausentwickeln, ja, sie ergäben sich beinahe von selbst. — Drittens stelle ich mir vor, ich habe mich an Praktiker oder doch an zukünftige Praktiker zu wenden; deshalb sei es angezeigt, das konkrete, farbige Beispiel in den Mittelpunkt zu stellen, um dem grüngoldenen Baum des Lebens, dem Lebendigen nahe zu bleiben.

---

[2] gegenständlich, plastisch, handgreiflich.

Zweites Kapitel

Äußerungen des infantilen Totemismus

———

Im vergangenen Kapitel habe ich, die Art und Weise des kindlichen Denkens darstellend, etwas Hauptsächliches nur angedeutet: den *totemistischen* Wesenszug. Darauf möchte ich jetzt zurückkommen.

Gewöhnlich wird angenommen, das totemistische Denken sei nur bei Kindern mit Tierphobien, und selbst dort nur mehr andeutungsweise, feststellbar, oder dann unter Buben, die Indianerromane gelesen, einen „Stamm" gegründet haben und totemistische Spiele spielen. Sie errichten in der Nähe ihres „Wigwams" einen Totempfahl, beschnitzen ihn mit Fratzen und bemalen sie mit grellen Farben — an ihm wird der gefangengenommene feindliche Krieger angebunden, umtanzt und gefoltert.

Wenn wir genauer erfahren wollen, was Totemismus eigentlich ist, müssen wir bei den Ethnologen fragen, die wildlebende Völkerschaften besucht oder die Berichte anderer verarbeitet haben, etwa bei Reinach, Roheim, Malinowski, Frazer, Zeller und anderen mehr, und besonders bei Freud [1].

---

[1] S. Reinach, *Code du totémisme*, in *Cultes, Mythes et Religions*, Paris, 1909 — Géza Roheim, *Heiliges Geld in Melanesien*, in *Internat. Zeitschrift für Psychoanalyse*, Bd. IX, Wien, 1923 — Bronislaw Malinowski, *Das Geschlechtsleben der Wilden*, Zürich, 1930 — Bronislaw Malinowski, *Sitte und Verbrechen bei den Naturvölkern*, Bern, 1950 — James George Frazer, *Der goldene Zweig (The golden Bough)*, Leipzig, 1928 — Moritz Zeller, *Die Knabenweihen*, Bern, 1923 — Sigmund Freud, *Totem und Tabu*, Gesammelte Schriften, Bd. IX, London, 1941.

Da vernehmen wir:

1. Ursprünglich war der Totem ein reißendes Tier. Andere Tiertotems, auch die Pflanzentotems, sind erst später bei kulturell schon etwas gehobeneren Völkern aufgekommen. Der mit Tierfratzen beschnitzte Totem*pfahl* der Indianer deutet den Übergang vom Tier- zum Pflanzentotem an.

2. Das Totemtier wird als Stammvater aufgefaßt. Oft tragen die Angehörigen des Stammes den gleichen Namen wie das Totemtier. (So sind im Kongogebiet die „Leopardenmenschen"[1] nach ihrem Totem benannt, und sie betrachten sich als Leoparden, verhalten sich wie Leoparden, tragen Leopardenfelle als Kleidung und richtige oder künstliche Leopardenkrallen als Waffen.)

3. Das Totemtier darf von den Angehörigen nicht gejagt und getötet werden. Doch findet von Zeit zu Zeit eine rituell organisierte Jagd statt. Das erlegte Tier wird von den Clangenossen gegessen (Totem-Mahl). Dann folgen meist ausgelassene Feste, und es herrscht eine Zeitlang völlige Gesetzlosigkeit. Man schwelgt mit Essen und Trinken berauschender Getränke und geht nachher zu sexuellen Orgien in den Busch, wobei der Inzest nicht bestraft wird. Schließlich folgen allerhand Reinigungszeremonien, und das gewöhnliche Leben nimmt seinen Fortgang, die Gesetze gelten wieder. — Stirbt ein Totemtier zufällig, wird es wie ein abgeschiedener hoher Stammesangehöriger betrauert und mit Ehrenbezeigungen begraben.

4. Das Totemtier verschont, so glaubt man, die Stammesmitglieder. Fällt es dennoch einen Clangenossen an, wird dies als ein Zeichen dafür genommen, er habe sich gegen die vom Totem stipulierten Bräuche vergangen und werde deshalb mit dem Tode bestraft. Der Totem erteilt dem Häuptling, Medizinmann usw. Direktiven für die Jagd, Rechtsprechung, die Zeit der Aussaat und ähnliche lebenswichtige Belange. Vor einem jeden Unternehmen wird der Totem um Rat gefragt.

5. Das Bild des Totemtieres wird auf die Waffen eingeätzt, auf die

---

[1] Attilio Gatti, *In den Urwäldern des Kongo*, Zürich, 1947 — *Afrika, Hölle und Paradies*, Zürich, 1950.

Schilder gemalt, in die Haut eintätowiert, oft trägt man Fellstücke, Zähne, Zehenknöchelchen usw. des Totemtieres als Amulette und als Kennzeichen dafür, welchem Totem man angehört.

6. Angehörige des einen Totems dürfen keine des gleichen heiraten. Die Verehelichung ist nur mit einem Mitglied eines fremden Totems erlaubt, und in der Regel vererbt sich der *Mutter*totem auf die Kinder. Auf der totemistischen Entwicklungsstufe unterliegen die Menschen dem Exogamiegesetz (Verbot der Verwandtenheirat).

Ich habe versucht, das Wesen des Totemismus in sechs Sätze zusammenzufassen, möchte aber beifügen, daß die Prinzipien bei den einzelnen Völkerschaften vielfach variiert werden, wobei allerdings das ursprüngliche Prinzip meistens angedeutet wird und sichtbar ist.

Betrachten wir nun noch den Sachverhalt einer totemistischen Organisation unter tiefenpsychologischen Gesichtspunkten.

Der Totem ist ein Ersatz für den Urvater, den Stammvater, den Sippenvater. Ein Volk, das die totemistische Stufe erreicht hat, tötet nicht mehr rituell — wie in Afrika die Mundang, Dakka, Bum und Baja — den König oder Häuptling durch den Oberpriester, Mutterbruder oder Sohn; an des Herrschers Stelle wird der Totem erlegt. Die Ödipus-Tat vollzieht sich nicht mehr an einer meschlichen Vaterfigur, sondern am Totemtier; dieses wird verzehrt, was der oralen Identifizierung mit ihm entspricht. Der Identifizierung dient ferner das Tragen von Fellstücken, Zähnen usw., wobei das auch bei Kindern so wichtige Gesetz „pars pro toto" zur Anwendung kommt. Die Verschiebung der Ödipus-Tat auf ein Ersatzobjekt erspart Schuldgefühle.

Nach der Ödipustat folgt ein Interregnum, wobei der Inzest, wenn nicht ausdrücklich befohlen, so doch ohne weiteres gestattet ist. Die dadurch entstehenden Schuldgefühle, auch die infolge des symbolischen Vatermordes entstandenen, werden besänftigt durch Reinigungszeremonien und mit dem nachträglich anerkannten Exogamiegebot.

Wir stellen fest: auf einer bestimmten Stufe der Kulturentwicklung der Völker wird das Leben und Denken von totemistischen Gedankengängen beherrscht.

Falls der Satz zu Recht besteht, wonach das Kind auch in seiner seelisch-geistigen Entwicklung in abgekürztem Verfahren die gesamte kulturelle Entwicklung der Völker durchlaufe, müßten wir annehmen, es werde während einer gewissen Phase von totemistischer Auffassung und totemistischem Denken geleitet.

Dem ist wirklich so. Es scheint jedoch, daß diese Entwicklungsphase besonders stark der Amnesierung und Verdrängung unterliege, obwohl die totemistischen Erscheinungen und die nicht nach gelesenen Vorbildern oder Mustern, vielmehr spontan erfundenen totemistischen Spiele bis weit ins Schulalter hinauf bald deutlicher, bald in verhüllterer Form gepflegt werden, das Denken prägen oder es doch mehr oder minder bewegen.

Ich möchte drei Beobachtungen zur Kenntnis bringen, die ich bei Kindern machte. Sie stimmen in sehr auffallender Weise mit den totemistischen Bräuchen der Primitiven überein und bestätigen auch den kleinen psychologischen Exkurs, den ich den sechs zusammenfassenden Sätzen über den Totemismus angefügt habe.

Die erste Beobachtung publizierte ich im Jahre 1927 in der von Freud herausgegebenen Zeitschrift *Imago*. Sie handelt von einem Knaben, der inzwischen zum Manne herangewachsen ist, über dessen Weiterentwicklung ich heute berichten kann und dessen eines Töchterchen in meiner Schulklasse sitzt.

Als ich über ihn schrieb, war der Bub, *Alfred* mit Namen, dreizehn Jahre alt und eben mein Schüler geworden. Im Dorf nannte man ihn „Güggeli-Metzger" (= Hahnenmetzger), und auf den Übernamen war er sehr stolz.

Der Güggelimetzger spielte unter der Knabenschaft die Rolle des Rädelsführers. Er war geachtet und auch gefürchtet unter den Kindern, von den meisten auch sehr geliebt, denn er beschützte sie. Dafür mußten sie ihm ohne Widerspruch gehorchen.

Seinen Übernamen hatte er sich nicht etwa erst jetzt, sondern schon als Fünfjähriger erworben. Damals war eine seiner älteren Schwestern meine Schülerin; *sie* ist es gewesen, die mir als erste von dem Vorfall erzählte, der ihrem Bruder den besonderen Namen zutrug. Als Alfred dann — später — in meine Klasse eintrat, hat er mir die Geschichte neuerdings erzählt, und sie klang wie ein Renommierstück.

An einem Mittag hatten die Eltern zu Hause einen Streit. Das Milieu war ärmlich. Der Vater arbeitete in einer Fabrik und war daneben ein Ziegenbäuerlein mit vielköpfiger Familie. Sie bewohnte ein kleines, baufälliges Haus abseits des Dorfes. — Bei dem Streite ging es tätlich zu, und schließlich liefen beide Eltern von zu Hause fort.

Der fünfjährige Alfred war vor Zorn über den Vater, der die Mutter geschlagen, und vor Verzweiflung hinters Haus gelaufen, wo er sich auf den Dangelstock [1] setzte und laut weinte. Auf einmal sah er den Hahn, der, wie Alfred sich ausdrückte, eine Henne „traktierte". Bei diesem Anblick wurde es ihm „rot vor den Augen". Ohne Überlegung sprang der Bub auf, packte den Hahn, lief mit ihm in den „Holzschopf" (Holzerhäuschen, Raum, worin man das Holz zerkleinert) und schlug ihm mit dem Gertel (breitflächiges ca. dreißig Zentimeter langes, Machete-artiges Haubeil) den Kopf weg.

Den Kopf warf er in die Jauchegrube. Dann rupfte er den Hahn, schnitt ihm die Beine ab und die Eingeweide heraus und ließ die Abfälle dem Kopf nachwandern. Die Blutspuren wurden mit Sägemehl zugedeckt. Hierauf lief der Knabe in die Küche. Dort machte er Feuer, setzte den „ehrigen Hafen" (eisernen Topf) auf den Herd, tat Fett darein und briet den Hahn. Die Federn wurden verbrannt. Als der Hahn gebraten war, begann Alfred mit dem Mahle und zwang seine Geschwister, auch davon zu essen. Die Knochen sammelte er und warf sie auf den Mist.

Im Verlaufe des Nachmittags kamen die Eltern wieder zurück. Die Tat wurde ruchbar, und Alfred erhielt tüchtig Prügel. Aber auch

---

[1] Auf einem mächtigen Holzpflock ist ein kleiner Amboß befestigt, worauf man die Sensenschneide legt, um sie mit dem Dengelhammer zu dengeln.

die Mit-Esser wurden bestraft. Alfred hatte trotz der Strafe eine so große Genugtuung über sein Heldenstück, daß er überall davon erzählte, wobei ihm die Geschwister kräftig halfen. Die Dorfkinder zeigten nicht geringe Freude an Alfreds Tat, und alsogleich nannten sie ihn den „Güggelimetzger".

Auf meine Frage, warum er die Geschwister zwang, am Mahle teilzunehmen, führte der Knabe zwei Gründe an: sie sollten mitschuldig sein, damit sie ihn vor den Eltern nicht verrieten, und zweitens hätte er den Hahn nicht allein zu verspeisen vermocht; der Braten sollte jedoch vor dem Erscheinen der Eltern verschwunden sein.

Es scheint kaum zweifelhaft, daß Alfred den Hahn mit dem Vater identifiziert hat. Der Vater „traktierte" die Mutter, gleich wie der Hahn die Henne — dies steigerte die ohnmächtige Wut des Kindes so sehr, daß es „rot sah" und seinen Hahnenmord ohne Nachdenken unverzüglich vollbrachte. Die Reflexion setzte erst mit dem Zudecken der Blutspuren wieder ein — und besonders dann, als die Geschwister zum Mit-Essen gezwungen wurden.

Wir sehen: *weil* der Fünfjährige die Grausamkeit des Vaters der Mutter gegenüber derjenigen des Hahnes der Henne gegenüber gleichsetzt, ergibt sich für ihn die Identifikation „Vater = Hahn" — der Hahn wird zum Totemtier für Alfred. Die „Strafe", die den Hahn trifft, gilt für das Unbewußte Alfreds dem Vater. Was Alfred dem Hahn tut, ist nichts weniger als die Ödipustat. Hierauf wird der Totem verzehrt. Das Mahl dient der oralen Identifikation mit dem Vater, was sich aus der weiteren Entwicklung Alfreds zeigt. Übrigens huldigen primitive Menschen der Ansicht, daß man ist, was man ißt — eine Theorie, die auch Ludwig Feuerbach [1] vertrat.

Das Mahl, ein Totemmahl, dient jedoch auch der Gemeinschaftsbildung mit dem Geschwisterkreis. Die Geschwister sollen *gleich schuldig* werden wie Alfred. Mit-Schuld ist eines der ausgezeichnetsten Mittel zur Gemeinschaftsbildung, schon darum, weil sie aus

[1] *Sämtliche Werke*, 1911

der Isolierung löst und weil die Schuld in Portionen aufgeteilt wird. Auch die gemeinsam erlittene Strafe ist der gegenseitigen Identifizierung und dem Gemeinschaftsgefühle förderlich, sie bindet innerlich die Bestraften aneinander.

Dadurch, daß Alfred am Totemtier die Ödipustat vollzieht, wird er in den Augen der anderen Kinder zum Helden. Er wird zum Anführer der teilweise älteren Geschwister und zu demjenigen der Dorfkinder, nachdem seine Heldentat ruchbar geworden ist. Man kann sich fragen, weshalb die Kinder Alfreds Tat als Heldentat auffaßten. Offenbar geht ihnen eben das Verständnis dessen, was Alfred „eigentlich" vollzog, nicht ab. In einer nicht mit Wortvorstellungen operierenden Schicht ihres Seelischen erfaßten sie den Hahnenmord als Tötung des Vaters, als Ödipustat; darum leuchtet ihnen der „Güggelimetzger" als Held ein, und um ihn als solchen zu kennzeichnen, wird ihm ein Übername gegeben.

Heute ist der Vater Alfreds längst gestorben. Alfred lebt in dem Häuschen des Vaters mit Frau und Kindern und mit seiner Mutter, die ein Stübchen für sich hat. Alfred befiehlt — auch der Mutter gegenüber. Er ist außerdem in weiterem Sinne das Familienoberhaupt: die ganze Sippe der Brüder, Schwestern, Brudersfrauen und Schwestermänner, die oft im Häuschen sich versammelt, horcht auf seinen Ratschlag und anerkennt ihn als „Häuptling", ohne daß darüber etwas abgemacht worden wäre: es *ist* einfach so, und es ist selbstverständlich.

Als Alfred seinerzeit aus der Schule entlassen wurde, wollte er den Metzgerberuf erlernen. Die Eltern — damals war der Vater noch am Leben — erklärten ihm, sie könnten das Lehrgeld nicht bezahlen, und die Lehrzeit sei zu lang. Da suchte Alfred in der gleichen Fabrik wie der Vater eine Anstellung — und bald arbeitete er mit dem Vater um die Wette, suchte ihn zu übertreffen. Schon als junger Mann leitete Alfred einen Dorfverein. Er ist ein braver Bürger geworden und hat einen frohmütigen, unerschrockenen, heiteren, zu allerhand Späßen aufgelegten Charakter entwickelt, ist zugleich zu Hause ein Tyrann, wenn auch eher ein gutmütiger als ein bösartiger. Seine Frau und seine Kinder „schwärmen" für ihn, auch die betagte Mutter anerkennt ihn als Oberhaupt. Alfred hat die Ziegen abgeschafft und züchtet dafür eifrig Hühner. Auf seinem Filzhut — er trägt immer einen solchen — prangt eine krumme Hahnenfeder. Macht man ihn darauf aufmerksam, dann lächelt er. Mir sagte er einmal: „Das muß doch so sein, Sie wissen genau warum!"

Er trägt also noch jetzt, nach so vielen Jahren, das Signum seines Totemtieres auf dem Kopfe, ähnlich wie sich die Wilden mit Fellstücken des ihren, mit Zähnen, Krallen usw. schmücken. Und noch heute heißt er bei denen, die um seine einstige Heldentat wissen, der „Güggelimetzger".

Die der Ödipustat gefolgte *orale Identifizierung*, das Verspeisen des Totemtieres, ist wohl die tiefste, dauerndste, denn sie entspricht der ursprünglichsten Beziehung des Individuums zum Du (das Kind „ißt" die Mutter) — und nicht von ungefähr ist sie als Symbol im christlichen Abendmahl erhalten geblieben.

Die zweite Geschichte spielt in einem Juradorfe, wo ich früher oft als Feriengast weilte. Dort lebte ein Bub namens *Clément*. Er war ungefähr elf Jahre alt, als ich ihn kennenlernte. Seine Mutter — der Vater war verstorben, als Clément noch ein Kleinkind war — wohnte anderswo und arbeitete als Schneiderin. Der Bub war bei Pflegeeltern untergebracht, die eine Pferdezucht betrieben und die ihr Pflegekind wie ein eigenes hielten. Auf dem Hofe war Clément anstellig und beliebt. In der Schule leistete er zuerst nicht sehr viel, obwohl er ein intelligentes Bürschchen war. Dafür klagten die Lehrer, er sei ein wilder Geselle und Streithahn, besonders den Mädchen gegenüber. Er galt als undiszipliniert und renitent. Strafen beeindruckten ihn nicht, und liebevollen Zuspruch hielt er für Schwäche, er spottete darüber. Unter Kameraden nahm er eine eigentümliche Stellung ein; sie gehorchten ihm, er war ihr Anführer und Anstifter; sie unterwarfen sich ihm und liebten es, seinen hochfahrenden und oft groben Worten und seinen Witzen zu lauschen; hintenherum mißbilligten sie sein Wesen, kritisierten es abschätzig, fanden dies und das nicht recht, was Clément tat oder forderte. Dies hinderte nicht, daß sie ihm, wenn er unter sie trat, geradezu hörig waren. Er verdrosch sie, wenn ihn die Laune dazu trieb, und er scheute sich nicht, selbst größere und stärkere Burschen anzugreifen, falls sie ihm seine Vorzugsstellung in der Kindergemeinschaft streitig machen wollten. Furcht schien er nicht zu kennen. Mußte er bei dem oder jenem unterliegen, prahlte er nachher damit, wie er trotzdem zurückgehauen habe, und bei den Streitereien benutzte er ein reiches Repertoir gröbster Flüche, gemeinster Scheltworte und obszöner Ausdrücke.

Die Mädchen schauderte es vor ihm, was sie jedoch nicht davon abhielt, ihn zu bewundern und ihm nachzulaufen. Sie neckten ihn, damit er handgreiflich antworte: man wußte, er werfe sie ins Gras, greife ihnen unter die Röcke und reiße ihnen das Hemd unter den Hosen hervor. So ging es regelmäßig. Die Zuschauer lachten, die Mädchen blickten verschämt und die Buben lüstern und neidisch, weil einer das tat, was zu tun sie nicht wagten. Clément behandelte die Mädchen von oben herab. Gleichwohl und trotz seiner Schandtaten an ihnen, fühlten sie sich geschmeichelt, wenn er sie der Unterhaltung würdigte — wenn er sie nur beachtete. Seine *«amie»* zu sein, betrachteten sie als eine Auszeichnung. Es kam vor, daß sie für ihn die Hehlerinnen spielten und gar Strafen auf sich nahmen, die ihm gehört hätten. Es gab unter ihnen giftige Eifersüchteleien des Buben wegen, heiße Feindschaften und Verleumdungsfehden. Trotzdem verriet keines der Mädchen je, was mit ihnen geschah, wenn sie ihn neckten. Es wurde durch Zufall vom Pflegevater entdeckt. Er lachte darüber, riet jedoch seinem Pflegbuben, er solle dieses Spiel lassen, sonst könnte er in Schwierigkeiten mit der Schule und den Behörden geraten. Clément bedeutete ihm, er habe mit den Mädchen nie anders verfahren — aber er werde dem Rate seines „Vaters" folgen, und er tat es auch.

Unter den Dorfkindern hieß Clément *«L'étalon»*, der „Hengst". Wie er zu dem Beinamen gekommen, wußte mir niemand sicher zu erklären, auch er selber nicht. Vielleicht erhielt er ihn darum, weil auf seines Pflegevaters Hofe ein Hengst gehalten wurde.

Es sei beigefügt, daß ich erstaunt war, als man mir den *Etalon* zum ersten Male zeigte. Ich hatte erwartet, einen athletisch gebauten, hünenhaften Buben zu sehen. Clément war jedoch eher klein gewachsen, gedrungen, wenngleich muskulös und vor allem gelenkig. Er zeigte auch vor mir, dem fremden *«régent»*, keine Scheu, sprach von allem Anfang an unbefangen, impulsiv, rasch und etwas abgehackt, fast als riefe er Kommandos.

Es mache ihm nichts aus, behauptete er, daß man ihn *«L'étalon»* rufe. Im Gegenteil, *«ça m'rend fort et sauvage»*, rühmte er, *«j'suis vraiment un étalon!»* Als ich ihn einmal, scheinbar nur erkundigungsweise und nebenbei, darüber befragte, weshalb er so unritterlich mit den Mädchen sei, da zuckte er nur mit den Schultern und zog die Mundwinkel herab. Die Hengste, meinte er, seien alle herrisch und grob; sie schlügen und bissen, *«et ils font ainsi avec les juments»*.

Später einmal wurde ruchbar, daß er mit anderen Knaben und Halbwüchsigen eine Bande[1] gegründet hatte. Die Mitglieder hatten sich versprochen, einander durch dick und dünn zu helfen. Am bewaldeten Hang kamen sie in einer Höhle zusammen, über welcher, mit roter Farbe groß angemalt, ein Pferdekopf prangte. Die Geheimgesellschaft nannte sich *«Les Frères de l'Etalon»*.

Ihre Höhle hatten die Buben besonders zum Kochen und Braten eingerichtet. Töpfe und Pfannen waren da, und eine Vorrichtung, um Spießbraten zu machen. Zu Hause — und auch anderswo — hatten die *«Frères de l'Etalon»*, wie nun an den Tag kam, oft Eßwaren entwendet, auch rohes Fleisch. Die Sachen wurden dann kunstgerecht zubereitet und genossen. Ein besonderes Eßgelage wurde gefeiert, wenn der Sohn des Dorfmetzgers ein Stück Pferdefleisch brachte. Es wurde mit Andacht in Brocken geschnitten, gesalzen und am Spieß gebraten. Nachher wieherten die *«Frères de l'Etalon»* wie Pferde und waren ausgelassen, begegneten anderen Leuten auffällig frech und belästigten die Mädchen auf der Straße.

---

[1] Gemeinschaften auf totemistischer Stufe, oft mit deutlichen totemistischen Anklängen („Die *Werwölfe*", die „Ratten" usw.), sind oft auch die Gangsterbanden.

Als das Vorhandensein des seltsamen Bubenvereins ans Tageslicht kam, ließ man Gnade für Recht gelten — denn auch die Söhne der angesehensten Bürger waren Mitglieder der Bande. Richtigerweise schrieb man die Streiche eher der Bubenromantik als kriminellen Absichten zu.

Der *Etalon* war inzwischen dreizehn Jahre alt geworden. Und jetzt verlegte er sich aufs Lernen, kam mit Leichtigkeit in die Sekundarschule und später, in eine Stadt versetzt, ins Gymnasium, er war zum Liebling seines Pflegevaters aufgerückt. Er studierte Veterinär und ist heute in einem Dorf an der Sprachgrenze „Roß-Doktor", wie der Beruf in der Mundart genannt wird.

Wir brauchen die Geschichte Cléments nicht zu kommentieren, sie ist eindeutig totemistisch, und zweifelsohne bestimmte die Identifikation des Buben mit dem Hengste die spätere Berufswahl mit — eine Berufswahl, die schon festgelegt war, als Clément dreizehnjährig geworden und gerade den totemistischen Spielen entwachsen war.

Und nun die dritte Geschichte. Sie ist die jüngste.

Im Sommer 1948 hatte ich eine Ferienkolonie unserer Dorfschule zu führen. Das Ferienheim, „Kuttel-Bad" genannt, liegt weitabgelegen in einer Waldlichtung des Kurzeneigrabens, der bei Wasen im bernischen Emmental aus dem Napfgebiet hervorkommt. Der Ort ist schon bei Gotthelf erwähnt: zu seiner Zeit galt er als „Freß-Bädli" und als Treffpunkt für die Bauern und Bäuerinnen diesseits und jenseits der Wasserscheide — etwa wenn es galt, fern vom Dorf eine Heirat einzufädeln und die Söhne und Töchter zusammenzubringen.

Der nächste Hof liegt im Tal und ist eine gute halbe Stunde weit entfernt, und die nächste Ortschaft ist in zwei Stunden erreichbar.

In solchermaßen abgelegener Gegend nun hauste ich mit etwas mehr als zwei Dutzend Kindern beiderlei Geschlechts im Alter von zehn bis fünfzehn Jahren[1]. Die Primitivität des Heimes — ein altes Ge-

---

[1] Außer den Kolonisten und mir bestand die Besatzung noch aus einer jungen Lehrerin und der Koloniekchin.

bäude mit Schindeldach, ohne elektrisches Licht und Telephon, die Abgeschlossenheit und Einsamkeit, der nahe „Urwald" — kurz: das ganze Milieu reizt zu Atavismen. Man kann ungeniert die ältesten Kleider austragen oder auch stundenweit nur mit Badehosen angetan in den Wäldern umherstreifen, ohne einen fremden Menschen anzutreffen. Und insofern ist die Gegend ein *Dorado* für die Kolonisten, die in großer Freiheit, uneingeschränkt durch Rücksichtnahme auf Kurgäste usw., leben dürfen, denn während der Besatzungszeit [1] darf sich niemand einmieten.

Eines Tages fiel mir auf, daß die Buben immer dann, wenn sie nicht gerade beschäftigt waren, plötzlich verschwanden. Ich beobachtete, daß sie in den Wald gingen und dabei gewisse Vorsichtsmaßregeln walten ließen: die Mädchen sollten offenbar nicht sehen, wohin sie sich begaben und was sie trieben. Dies wunderte mich ein wenig. Denn die Buben vertrugen sich mit den Mädchen sehr gut und ließen sich von ihnen bemuttern. In der Zuversicht, daß sie nichts Unstatthaftes machten, ließ ich die Knaben gewähren.

Ich hatte die Gewohnheit, am Abend, wenn sich die Kolonisten zur Ruhe gelegt hatten, nochmals mit der Taschenlampe die Schlafsäle zu besuchen. In einer Nacht nun, als ich in den Raum der Buben trat, war es dort ungewohnt still, verdächtig still. Nachdem ich die Tür geöffnet hatte, leuchteten mir plötzlich die Strahlen von Taschenlampen ins Gesicht, und es ertönte ein Huronengeheul. Vor mir tauchte ein Instrument auf und tanzte gleichsam in der Luft. Es war ein Holzstück, ein Ast mit einer Verdickung, wie man sie oft an kropfigen, krebsigen Tannen findet. Die Verdickung war von den Knaben beschnitzt worden und sah aus wie ein spitzer Teufelskopf. Nachdem ich, erst geblendet, wieder sehen konnte, entdeckte ich, daß einer der Buben das Gespenst in der Hand hielt und vor meiner Nase herumgaukeln ließ. „Das Herrgöttli, das Herrgöttli!" lärmte die Schar. „Der Herr Ziegenbock!"

Der Bub, der das Herrgöttli trug, hatte eine Wolldecke wie eine Toga umgelegt, und ein farbiges Nastuch maskierte sein Gesicht —

[1] Zeit der Besetzung des Heimes durch die Teilnehmer der Ferienkolonie.

die Augen schauten aus Löchern. Der Knabe murmelte dumpfe, beschwörende, feierliche Laute in einer unverständlichen Sprache, und er ahmte das Ziegenmeckern nach. Dazu ertönten die ausgelassenen Lachsalven der Schar. Dann knieten plötzlich alle in ihren Betten auf, legten die Handflächen aneinander, und im Sprechchor ertönten die Worte: „Herrgöttli, beschütze uns, Herr Ziegenbock, beschütze uns! Laß keine bösen Geister in den Gaden!" (Der Schlafraum der Buben wurde „Gaden" genannt.)

Dann war das ulkige Spiel offenbar zu Ende. Die Schar gröhlte, man legte sich wieder hin. Und jetzt erklärte man mir: die Buben hatten im Walde den seltsamen Tannast gefunden, und einer von ihnen machte sie darauf aufmerksam, der Knüttel habe genau die Form eines Ziegenkopfes. Denn zwei kleinere Ästchen guckten oben heraus und waren wie Hörner gebogen. Dann wurde der Kropf mit dem Taschenmesser bearbeitet, bis er vollends einem Kopfe glich. Hierauf beschmierten sie ihn mit Asche und Kohlenüberresten von einem Feuerchen, das sie angezündet hatten. Der Initiant des Spiels nahm den Knotenstock jeden Abend in den Gaden und versteckte ihn dort. Er benannte ihn „Herrgöttli" oder „Herr Ziegenbock", und nun wurden allerlei Spiele mit ihm erfunden. Sie hatten fetischistischen Anstrich und liefen darauf hinaus, daß der „Herr Ziegenbock" angebetet sein wollte, und daß er außerdem die Eigenschaft einer Waffe oder eines Beschützers hatte. Man könnte ihn auch so beschreiben, daß die Knaben ihn mit mehr oder weniger Ernst als verkörperten Dämon betrachteten, der seine Anbeter vor anderen, vor feindlichen Dämonen beschützte.

An dem betreffenden Abend nun hatte die Schar beschlossen, mich mit dem „Herrn Ziegenbock" zu ängstigen, wenn ich heraufkomme. Jeden Morgen brachten sie ihn in ein Waldversteck zurück.

Bevor ich wieder aus der Schlafstube trat, baten mich die Knaben, den Mädchen nichts zu verraten, was ich versprach.

Ich wußte nun so viel, daß die Buben im Walde mit dem „Herrn Ziegenbock" spielten. Wie und was sie spielten, kam erst später an den Tag.

Die Mädchen wurden immer neugieriger, was die Buben im Walde trieben. Sie wollten ihnen nachschleichen. Aber die Buben warnten sie: es würde ihnen schlimm ergehen, es sei ein böser Waldgeist in der Nähe ihres Lagers, der würde sie braten und fressen.

Mit solchen Auskünften machten sie die Mädchen nur noch neugieriger. Wenn aus den Waldbäumen Rauch aufstieg, standen sie zusammen und berieten, wie sie hinter das Geheimnis der Buben kommen könnten. Aber sobald sie sich der Stelle im Walde nähern wollten, wo die Buben spielten, erschienen plötzlich Wachen aus dem Gebüsch, zerrten sie unter Geschrei und Kreischen an den Waldrand, rissen sie zu Boden und rollten und stießen sie den steilen Weidabhang hinunter.

Einzelne Wächter wurden auf Bäumen postiert und hatten die Aufgabe, Ausguck zu halten und die anderen Buben vor der Ankunft der Mädchen zu warnen. Ein besonderer Pfiff war das Warnzeichen.

Dann änderten sie das Spiel. Kamen die Mädchen, wurde das größte von ihnen ergriffen und zum Lager geschleppt, und nur die anderen wurden wie vorher abgehalten. Im Lager erhob sich dann ein solcher Lärm, der sich mit dem Keifen der Gefangenen vermischte, daß ich beschloß, auch einmal hinzugehen. Ich teilte dies den Mädchen mit. Beigefügt sei, daß keines von ihnen, das je gefangengenommen worden war, verriet, was die Buben mit ihm vorgenommen hatten. Denn man hatte sie gezwungen, Stillschweigen zu schwören.

Während nun die Mädchen vor dem Heim erwartungsvoll der Dinge harrten, die geschehen würden, stieg ich den Pfad hinauf in den Wald. Die Warner auf den Bäumen pfiffen. Plötzlich brach aus dem Gebüsch ein Rudel Buben hervor und erklärte mir, ich hätte den „heiligen Boden des Herrgöttli" betreten, müsse nun die Folgen dieser Missetat auf mich nehmen und sei ein Gefangener. Sie müßten mir die Hände binden, der „Herr Geißbock" fordere es. Dann packten sie mich an den Armen und führten mich in die Nähe des Feuers. Auf einmal sprang mir unerwarteterweise von hinten und oben ein Bub an den Rücken und hielt mir das „Herrgöttli" **vors**

Gesicht. Es war der gleiche, der mir vorher in der Nacht den Dämon hatte vor den Augen tanzen lassen. Er war nur mit einer Badehose bekleidet und hatte den Leib mit Asche, Kohle, das Gesicht außerdem mit zerdrückten Heidelbeeren scheußlich bemalt.

„Zum Feuer mit ihm!" knurrte er dumpf und drohend, und die Wanderung ging weiter. Man führte mich in eine Art Häuschen, dessen Zugang getarnt und das aus Zweigen kunstvoll geflochten war. Überhängende Buchen und Tannen bildeten das Dach. In den Hang eingegraben war ein Herd, und darin brannte Feuer. Man forderte mich auf, davor niederzuknien. Dann schlug man mir mit dem „Herrgöttli" dreimal feierlich und sanft auf den Kopf, und ich mußte wiederum versprechen, den Unbeteiligten nichts von dem zu verraten, was ich gesehen hatte und was ich noch sehen würde. Hierauf löste man meine Fesseln. Jetzt setzte sich die Schar an den Herd. Aus einem Versteck wurden Brot und Käsestücke hervorgeholt, jeder, auch ich, bekam einen hölzernen Spieß, an den wir das Essen steckten und am Feuer brieten, um es nachher zu verzehren. Nach dem Mahle erklärte mir das „Herrgöttli" aus dem Munde seines Besitzers, ich sei nun wiederum frei und dürfe gehen, aber es mahnte mich nochmals an mein Versprechen, Stillschweigen zu bewahren. Würde ich es nicht tun, dann drohte mir eine furchtbare Strafe: das „Herrgöttli" würde mich heimsuchen, mich packen, mich zum Feuer schleppen und braten, und mich schließlich mit Haut und Haar verspeisen.

Brot und Käse hatte die Bande aus den Vorräten des Ferienheims gestohlen. Für die Anschauung der Kolonisten gehörten die Lebensmittel *mir*, waren also *mein Besitz;* demnach wurde beim Totem-Mahl am Lagerfeuer, pars pro toto, *ich* aufgegessen.

Die Zeremonie war eine Mischung von tollem Spiel und Ernst. Später vernahm ich, daß die Mädchen, die man ans Feuer geschleppt hatte, mit glimmenden Ästen bedroht worden waren. Dies sollte ihnen deutlich machen, was ihrer warten würde, falls sie das Geheimnis des Spieles verraten sollten.

Mit meiner „Einweihung" hatte das Spiel, wie sich später herausstellte, an Reiz verloren. Als ich merkte, daß die Buben nicht mehr wie vorher im Walde verschwanden, und als ich nach dem „Herrn Ziegenbock" fragte, erklärte man mir, man habe ihn kaputtgemacht und in die Holzkiste der Heimküche geworfen — er war verbrannt worden.

Ihn hatte also das Schicksal getroffen, mit dem er zuvor den Mädchen und mir gedroht hatte.

Ich erkundigte mich bei vielen Heimleitern, ob sie ähnliche Spiele beobachtet hatten. Zahlreiche unter ihnen wollten nie etwas Ähnliches gesehen haben. Andere hatten sie nicht weiter beachtet, oder beim Aufkommen sofort als Unfug unterdrückt, verboten. Sie hatten das dunkle Gefühl, wenn die Buben im Walde Häuschen errichteten, könnte darin etwas Unstatthaftes oder Unanständiges getrieben werden, ebenso, wenn die Buben sich anschickten, Mädchen gewaltsam in den Wald zu schleppen. Man duldete auch nicht, daß die Buben irgendwelche „Geheimnisse" vor den Mädchen haben wollten, weil man dies als abträglich für die Gemeinschaft einschätzte. Ein städtischer Leiter einer Mädchen-Ferienkolonie erzählte mir, in seinem Heim hätten sich die Kolonistinnen einmal ähnliche, aus Knütteln geschnitzte Figuren beschafft, sie „Schutz-Engelchen" getauft und über den Betten aufgesteckt. Die Mädchen hatten Angst, es könnte in der Nacht jemand bei ihnen einbrechen.

Es geht uns das Verständnis für den Zusammenhang zwischen Totem und Schutz-Fetisch auf. Kinder tragen, oft geheim, oft offen, nicht gar so selten Talismane und Amulette mit sich, die sie vor allerhand Gefahren bewahren sollen und sich bei genauerer Untersuchung als — pars pro toto — Vaterersatz erkennen lassen.

Der Totem wird angebetet, wie die Knaben den „Herrn Ziegenbock" anbeten, und man glaubt von ihm, daß er die Geheimbund-Mitglieder vor schlimmen Dämonen schütze — so, wie der „Herr Ziegenbock" die Buben im Gaden in der Nacht beschützt. Er taucht vor dem nächtlichen Besucher des Gadens auf und bedroht ihn, will ihn verscheuchen, erschrecken, was halb als Spiel, halb ernst gemeint ist. Denn dieser Besucher, der Ferienheimleiter, steht im Begriff, die

Buben zur Ruhe zu mahnen, sie bei eventuellen Spielen oder Unterhaltungen und in ihren Gesprächen zu stören. Er spielt also die Rolle eines feindlich gesinnten Dämons. Zugleich, der ambivalenten Einstellung der Knaben entsprechend, wird der Heimleiter auch geliebt. Darum wird das harmlos gemeinte Spiel mit ihm getrieben — wird er davon überhaupt in Kenntnis gesetzt. Man nimmt ihn nicht ohne weiteres in den Bund auf: die feindseligen Regungen sind angedeutet, indem man ihm die Hände bindet und ihm mit dem „Herrgöttli-Ziegenbock" auf den Kopf schlägt, ihn symbolisch tötet, ihn anknurrt und von hinten anfällt. Die Drohung mit den glimmenden Ästen erspart man ihm allerdings.

Auf primitive Weise wird eine Art Religion geschaffen. Das Objekt ist das Totemtier, verkörpert im geschnitzten Bilde, zugleich im „Priester", der dem Sinnbild seine Sprache verleiht, gleichsam des Totems Zunge bedeutet. Alles ist Spiel — die Buben sind sonst gute Christen, was man so „gute Christen" nennt. Trotzdem ist das Spiel mit der primitiven Religion halber Ernst, denn es wird nicht nur mit Gelächter betrieben, sondern mit großer, mit inniger Anteilnahme. Die Aufnahme in den Geheimbund entspricht einem religiösen Zeremoniell, hat Anklänge an das heilige Abendmahl. Das Spiel darf angesprochen werden als eine im Werden begriffene Religionsbildung und läßt die Religionsbildungen als Konkretisierung des „religiösen Gefühls" oder „religiösen Bedürfnisses" mit totemistischen Gedankengängen und Gebräuchen unserem Auge sehr deutlich werden.

Daß der Heimleiter in den Geheimbund der Buben aufgenommen wird, bedeutet zugleich eine Revokation des zuvor symbolisch ausgeführten Vatermordes. Die darauf vollzogene Befreiung hat den Sinn, daß die Ödipustat in aller Form als ungeschehen erklärt wird.

Der „Herr Ziegenbock" ist Gott und Teufel zugleich. Im berndeutschen Sagenschatz wird der Teufel nicht selten als „Ziegenbock" bezeichnet und tritt als solcher in Szene. Der „Herr Ziegenbock" der Buben ist aber zugleich ein „Herrgöttli". Die Anwendung der

Diminutiv-Form deutet an, daß es sich nicht um den richtigen „Herrgott" handelt, bzw. um dessen Ersatz; das Spiel hatte wirklich nichts Blasphemisches an sich — obgleich es uns vielleicht an die „Schwarzen Messen" erinnern mag; es waren Kinder, nicht Erwachsene, die spielten! Und das Spiel war naiv, es steckte keine verhöhnende Absicht dahinter.

Interessant ist, daß der Bub, der den Priester spielte — einer meiner eigenen Schüler — sich keineswegs durch intellektuelle Begabtheit auszeichnet und in meiner Klasse eher als „Schwacher" rangierte; ich hatte ihm ein schlechtes Zeugnis geben müssen. Es ist möglich, daß er mir gegenüber deswegen ambivalent eingestellt war und es nötig hatte, eine feindselige Rolle zu spielen, indem er mich symbolisch tötete. Der Lehrer bedeutet ohnehin für die Schüler (wie auch für die erwachsenen Bürger) das „erlaubte" Objekt, an dem sie die Ödipuskonflikte bearbeiten können; dieser sozialhygienischen Rolle des Lehrerberufes sind sich die wenigsten Berufskollegen bewußt.

Eine der Lustquellen des Spiels liegt zweifellos in der kollektiven Abreaktion des Ödipuskomplexes durch die Knabenschar — zugleich die Versöhnung mit dem (Vater) Lehrer. Darum wird nach der Einweihung des Lehrers das Spiel uninteressant: das „Herrgöttli" erliegt dem Feuertode. Damit werden die im Spiele angedeuteten feindseligen (ödipalen) Gefühle gegen den Heimleiter revoziert.

Wir könnten nun die Geschichten vom „Güggelimetzger", vom «Etalon», vom „Herr Ziegenbock" und schließlich auch die von den „Schutz-Engelchen" sehr weit kommentieren. Ich beschränke mich auf den Hinweis, daß sie alle sehr deutlich und unzweifelhaft totemistischen Inhalt haben — daß also das Kind unserer Kulturkreise eine totemistische Entwicklungsphase erlebt und zu verarbeiten hat. Ob diese kürzere oder längere Zeit andauere, kann ich nicht bestimmt sagen. Ebensowenig kann ich mit Sicherheit erklären, der infantile Totemismus äußere sich hauptsächlich in den Phobien, oder er werde in freigewählten Spielen und oft im Kollektiv gestaltet.

Wir wissen nämlich, wie ich bereits andeutete, vom infantilen Totemismus fast nichts. Am ehesten kennen die Kinderpsychotherapeuten ein Stück davon, besonders dann, wenn sie Tier-Phobien zu behandeln hatten. Aber selbst den Kinderpsychotherapeuten ist es oft nicht bekannt, daß Kinder direkte totemistische Spiele betreiben.

Wenn man mich fragte, warum man im allgemeinen so wenig über den infantilen Totemismus weiß, könnte ich nur mit einigen Vermutungen antworten:

1. weiß man im allgemeinen sehr wenig über den Totemismus überhaupt. Er ist eher den Ethnologen als den Ärzten, Psychologen und Pädagogen bekannt;

2. wenn wir bei den Kindern Spiele mit totemistischem Anstrich beobachten, sind wir merkwürdig gerne bereit, sie alsogleich zu unterbinden mit Verboten und gar mit Strafandrohungen.

Die Kinder wissen um unsere Einstellung. Deshalb werden die Spiele im Geheimen betrieben. Daß der «Etalon» eine Horde von «Frères» hinter sich hatte, daß diese einen geheimen Schlupfwinkel besaß und dort ihre Totemmahlzeiten feierte, kam erst nach längerem Bestehen ans Tageslicht und wurde alsogleich verboten. Die Sache mit dem „Herrgöttli und Herrn Ziegenbock" wurde dem Heimleiter nur portionenweise verraten, nachdem sich die Spielenden versichert hatten, es bestehe keine Gefahr, wenn man ihn ins Vertrauen ziehe.

Das „Geheimnis" scheint überhaupt ein spezifischer Bestandteil der totemistischen Organisationen zu sein. Die wilden Völker der entsprechenden Entwicklungsstufe halten vor den Frauen ganz oder teilweise geheim, was bei den meist in der Nacht durchgeführten totemistischen Zeremonien und Festen getan wird — oft benutzen sie dabei sogar eine den Frauen unverständliche Geheimsprache;

3. es ist auffällig, daß die Erzieher so sehr darauf bedacht sind, totemistische Kinderspiele schon im Zustand des Werdens zu verhindern. Ob dabei die innere Gefahr der Wiederbelebung verdrängter Regungen, den Ödipuskomplex betreffend, gefürchtet wird? Bestände diese Vermutung zu Recht, wäre verständlich, warum wir

unsere eigene totemistische Phase dermaßen stark verdrängt haben, und weshalb wir sie, projizierend, an den Kindern bekämpfen, falls diese sie in Spielen bearbeiten wollen.

Bekämpfen wir den sich äußernden Totemismus der Kinder vielleicht auch darum, weil er mit der Bildung primitiver Religionsformen — denken wir an das „Herrgöttli" und die „Schutzengel" — verbunden ist und wir diesen Zug als „blasphemisch" ablehnen, obzwar er von den Kindern absolut nicht blasphemisch gemeint ist? Haben wir nachträgliche Schuldgefühle unseres einstigen eigenen Totemismus wegen abzuwehren?

Obschon wir so herzlich wenig vom infantilen Totemismus wissen, kann er bestimmend wirken auf den Charakter, wie wir es bei Alfred sahen, der sich in direkter Folge seiner totemistischen Tat zu einer Führernatur und zum gutmütigen Tyrannen entwickelte — oder auf die Berufswahl, wie dies an Clément deutlich sichtbar geworden ist.

Eine Kraftquelle, Denkphase, Welt-Anschauung des Kindes, die von dermaßen nachhaltiger Wirkung sein und auch ein ganzes Büschel psychosomatischer Affektionen erzeugen kann (so die Phobien, das Bettnässen bei Peter u. a. m.), sollte der Psychotherapeut so weit wie möglich kennen, damit er, falls er auf entsprechende Sachverhalte während seiner Arbeit stößt, auf bekanntem Boden stehe — „im Terrain bereits orientiert" sei.

Drittes Kapitel

„Sangoi-Land", eine Kinder-Kollektiv-Phantasie —
die Verknüpfung der infantilen Denkkategorien
mit der Trieb-Entwicklung

Bislang habe ich einzelne, gesonderte Züge aus dem kindlichen Denken, der infantilen Entwicklung des Denkens dargestellt.

Nun möchte ich alles zusammenfassen und dies in gewohnter Weise an einem konkreten Beispiele tun. Es hat den Vorteil, zugleich die Einflüsse der Triebentwicklung auf das Denken klar zu zeigen; die oralen, analen, harnerotischen und phallischen Gedankengänge sind darin ausgedrückt, die Allmacht der Gedanken wird abgewandelt, man sieht die Bearbeitung des Ödipuskomplexes und der Schuldgefühle.

Drei Kinder, ein Bub von fünfeinhalb Jahren mit Namen Hanspeter, sein vierjähriges Schwesterchen Lorli, und die Jüngste der Familie, die etwas über zwei Jahre alte Hanneli, haben während ungefähr drei Jahren eine Phantasie ausgesponnen und variiert. Sie betrifft eine fremdartige Gegend, die *„Sangoi-Land"* genannt wurde. Jedes der Kinder spricht von *„meinem"* Sangoi-Land und unterscheidet es von denen der Geschwister, und doch sind die drei Sangoi-Länder *ein* Land, nur wird es jeweilen von jedem Kinde mit dem seinem Alter entsprechenden Auge gesehen.

Der Name des Landes ist von Hanspeter erfunden worden. Sein Vater, ein landbernischer Lehrer, stand während der Grenzbesetzung einmal im St. Gallerland im Dienst. Zurückgekommen und beurlaubt, berichtete er mit Begeisterung von Land und Leuten, und nach kurzer Frist mußte er wieder einrücken. Hanspeter hatte wohl etwas von den Gesprächen des Vaters aufgeschnappt, und auf einmal fing er an, von einem „Sangoi-Land" zu sprechen, zu phantasieren. „Sangoi" dürfte eine Klangnachahmung von „St. Gallen" bedeuten. Es handelt sich also um das Land, wo der abwesende Vater weilt, um das *„Vater"-Land*. Es ist jedoch viel mehr, wie wir sehen werden — denn im Sangoi-Land gibt es keine Eltern, jedenfalls keinen Vater. Der Schluß liegt nahe, das „Vater"-Land, Vaters Land, sei die Mutter, die der Bub ungeteilt für sich haben möchte.

Hanneli, die Jüngste, nahm zuerst an den Erzählungen ihrer beiden Geschwister keinen aktiven Anteil, sie figurierte mehr als willige, interessierte Zuhörerin. Erst später kam sie dazu, wie die anderen ein eigenes Sangoiland zu besitzen und es allmählich auszugestalten. Sie war auch die erste, die ihren Eltern und Großeltern nähere Aufschlüsse über das phantasierte Land gab, während die Geschwister sich deutlich bemühten, nichts zu verraten. Sie wollten das Sangoiland ganz für sich haben und es vor den Erwachsenen geheimhalten.

Diesen war zunächst nur aufgefallen, daß sich die drei Kinder so oft als möglich in Verstecke oder selbstgemachte Zelte und „Häuschen" zurückzogen. Fragte man sie, was sie dort trieben, schwiegen sie unter Zeichen der Verlegenheit. Hanneli verriet: „ Wir sangöierlen!" Dies ist das von Sangoiland abgeleitete Tätigkeitswort und bedeutet gleichviel wie „sich über das Sangoi-Land unterhalten".

Der Inhalt dieser Unterhaltungen blieb den Erwachsenen lange Zeit unbekannt. Traten sie in die Nähe der „sangöierlenden" Kinder, dann verständigten sich diese nur noch in einer den Großen unverständlichen Sprache, der „Sangoi-Sprache", wie die Kleinen sie nannten.

Fast alle Kinder produzieren Geheimsprachen und Geheimschriften, die nach einem gewissen Schlüssel entziffert werden können. Ich erinnere mich, daß wir, als ich etwa acht Jahre alt war, die „Beri"-Sprache sprachen: die gewöhnlichen Wörter wurden in Silben zerlegt, die Silben in ihrer Reihenfolge verkehrt und durch „beri" verbunden — und wer das Geheimnis nicht kannte, verstand uns nicht.

Die „Sangoi-Sprache" Hanspeters, Lorlis und Hannelis war jedoch eine vollständig sinnlose Sprache; es wurden einfach Laute wahllos aneinandergefügt. Die Sprache glich der Glossolalie gewisser religiöser Gemeinschaften während der Ekstase; Pfister[1] hat darüber geschrieben und sie tiefenpsychologisch untersucht.

Wenn die Kinder sich in ihrer Geheimsprache unterhielten, schienen sie sich trotz der Sinnlosigkeit der Laute zu verstehen, vielleicht durch die die Reden begleitenden Gesten und die Mimik, den Tonfall usw. Sobald sich die unerwünschten erwachsenen Lauscher entfernten, redeten die Geschwister wieder in der geläufigen Mundart.

Eines Tages brach Hanneli das Geheimnis: sie erzählte dem Großvater vom Sangoiland. Wohl in Erinnerung an Geschichten aus dem Schlaraffenland, die sie von der Mutter gehört, mußte man sich, um ins Sangoiland zu gelangen, zuerst durch einen Grießkopf-Berg hindurchfressen. Und zwar geht Hanneli, die sehr gern Grieß-Speisen ißt, voran. Lorli folgt und verzehrt nur die dem festen Brei zugegebenen Weinbeeren. Hanneli schätzt diese nicht und überläßt sie gern ihrer Schwester. Lorli haßt den Grießbrei, aber Weinbeeren verzehrt sie mit Vorliebe. Als letzter folgt Hanspeter, er kriecht hintennach durch den Tunnel. Ihn interessiert Essen nicht sehr. Er ist froh, daß seine Schwestern die Arbeit des Tunnelgrabens besorgen.

Jenseits des Berges kommt man ins Sangoiland. Obwohl sich die Kinder nicht voneinander trennen, was sie auch nicht wünschen, sieht das Land für ein jedes von ihnen anders aus.

Dasjenige Hannelis, die als jüngste noch stark im oralen Entwicklungsabschnitt steht, zeichnet sich dadurch aus, daß es darin bestes Essen, süße Getränke und Leckerbissen in Hülle und Fülle gibt. Aus laufenden Brunnen fließt kühle Ovomaltine. Gewöhnliches Brot gibt es nicht, auf dastehenden Tischlein liegen Wecken und ein Gebäck, das bei uns zulande „Züpfe" (Zopf) genannt wird und von

---

[1] Oskar Pfister, *Die psychologische Enträtselung der religiösen Glossolalie und der automatischen Kryptographie*. Leipzig und Wien, 1912

den Bäuerinnen kunstvoll aus einem Teig aus Semmelmehl, Eiern, Butter, im ganzen aus sieben Bestandteilen, zu den Festzeiten, hauptsächlich auf Neujahr, geflochten und gebacken wird.

Honig und Konfitüren, Butter und Käse sind in Hannelis Sangoiland so reichlich vorhanden, daß sie davon genießen kann, „bis es mir oben herausschaut", und es ist keine Mutter da, die sagt: „Jetzt ist genug!" An den Bäumen wachsen außer feinem Obst — Kernobst, Trauben, Bananen, Ananas, Orangen — auch Würste und Speck. Gewöhnliche Milch trinkt Hanneli im Sangoiland nicht — die Kühe und Ziegen sind aus ihrem Land verbannt. Wenn Hanneli Milch haben will, geht sie zu den Pferden und trinkt Pferdemilch. (Hanneli hat einmal sehr interessiert einem Füllen zugeschaut, das bei einer Stute trank. Vom Geschlechtsunterschied bei Pferden weiß die Kleine noch nichts. Sie hält alle Pferde für männliche Tiere, die Kühe und Ziegen für weibliche. — Wir sehen die Ablehnung der Mutter und die Hinneigung zum Vater — den „Ödipus" auf der oralen Stufe.)

„Im Sangoi-Land schlafe ich bei den Pferden!" erklärt Hanneli stolz dem Großvater, als er mit ihr „Reiterlis" spielt, sie auf seinen Knien hopsen läßt. „Und jetzt bist du mein Pferd!"

Im Sangoiland — alle drei Geschwister sind sich darin einig — gibt es keine erwachsenen Personen, nur Kinder ihres Alters und Zwerglein.

Die Zwerglein wohnen in den Höhlen der Berge, und die Geschwister können sie dort besuchen. Aber es muß zuerst ein finsterer, enger Gang durchschritten werden, der einen ängstigt. Man braucht jedoch keine Angst zu haben, denn der Gang führt in einen hellerleuchteten, weiten Raum. Dort ist der Boden mit weichen Teppichen belegt, und auch an den Wänden hangen Tapeten aus Teppichen, so daß man nirgends den Kopf anschlagen kann und Beulen bekommt; falls man umfällt, tut es einem nichts, man schürft nicht einmal die Knie. Überall sind Polster: Polsterstühle, Polsterliegestühle, sogar die Tischkanten sind gepolstert. Wer will, kann liegend essen und trinken, und die Zwerge servieren einem die vorzüglichsten Speisen und Getränken: jeder kann haben, was er begehrt.

Wahrscheinlich dient dieses Stück der Sangoi-Phantasie den Kindern zur Bearbeitung des Geburtstraumas und des Entwöhnungstraumas, die beide geleugnet werden.

Nachdem Hanneli von ihrem Sangoiland erzählt hatte und die beiden älteren Kinder beobachteten, daß sich ihr Großvater für den Bericht interessierte, rückten allmählich auch Lorli und Hanspeter mit ihren Phantasien hervor.

Lorli erklärt: „Im Sangoiland gibt es nur Buben, und ich bin auch einmal ein Bub gewesen!"

Hanspeter gibt kund: „Sollte sich einmal ein Großer erfrechen, ins Sangoiland einzudringen, dann schicke ich meine Löwen hin, ihn zu fressen!" Es sind sehr große, mächtige, furchtbare Löwen, die Hanspeter dienstbar sind und denen er nur zu befehlen braucht.

Der Bub wurde einst in die Tierschau des Zirkus Knie mitgenommen. Dort sah er Löwen. Er meinte geringschätzig: „Phö — was sind das für kleine, schwächliche Tiere! Wenn ich an meine Sangoi-Löwen denke, sind's nur Mäuse!" Auch die Elefanten fand er klein: „Im Sangoi-Land habe ich welche, die bis an die Zimmerdecke reichen, und bei ihnen schlafen ich und Lorli, die schauen, daß uns nichts geschieht!"

Im Sangoi-Land spielen die Elefanten mit den Kindern. Die Tiere heben sie mit ihren Rüsseln sorgfältig — damit sie die Kinder nicht erdrücken — auf den Rücken und vermögen zehnmal schneller zu laufen als das beste Pferd. Darum entschließt sich Hanneli, der die Elefanten zuerst zu groß waren und die sie deshalb ablehnte, nachdem sie dreijährig geworden, nun doch, ihre Pferde mit den Elefanten auszuwechseln. Sie trinkt jetzt nicht wie früher Pferde-, sondern Elefantenmilch.

Wir sehen, die Phantasie vom Sangoi-Land bleibt nicht stabil. Sie wird beständig verändert.

Hanneli und Lorli unterhalten sich: „Die Elefanten, ei der Tausend, was machen die für gewaltige Haufen, man kann mit einem einzigen den ganzen Gemüsegarten düngen!" Es treten überhaupt anale Belange in den Vordergrund. Die vielen Buben, die das Sangoi-Land bevölkern, und die nicht mit den Geschwistern verwandt sind, sind sehr schlimme Kinder. Denn sie lutschen nicht nur alle am Daumen, sie machen noch in die Hosen und reden wüste Worte, dreckige Worte, die man nicht sagen darf. Hanneli klagt die Sangoi-Buben vor Lorli und Hanspeter an: „Wißt ihr, was ich wieder hören mußte, was sie miteinander redeten? Man muß sich schämen, es zu sagen!" Hanneli flüstert nur noch. „Denkt euch, sie reden nur noch vom ‚Scheißdreck‘ und solchen Sachen!" Die Geschwister entsetzen sich, aber alle drei kichern belustigt. Alle die verpönten, verbotenen Worte, anale Vorgänge und die Organe unten am Leibe betreffend, werden von diesen scheußlichen Sangoi-Buben benutzt, ohne Scheu und Scham und Ekel. „Das darf man doch nicht dulden", ruft Lorli, und Hanspeter seufzt. Dann droht er mit dunkler Stimme: „Wißt ihr — es könnte sein, daß ich meine Löwen und Elefanten aussende, die bösen Buben zu strafen!" Die bösen Buben bessern sich nicht, man vernimmt immer neue Schandtaten von ihnen. Sie stellen sich in eine Reihe oder in einen Kreis und defäzieren gemeinsam, um nachher zu untersuchen, wer den größten Haufen produziert hat. Ebenso urinieren sie gemeinsam, schauen, wer seinen Harnstrahl am weitesten wegsenden, wer ihn an einer Mauer am höchsten hinaufspritzen kann. Sie speien und beobachten, wer den Speichel am weitesten weg oder am höchsten hinaufzuspeien vermag, und sie schämen sich nicht, einander anzuspeien. „Wenn man schon so groß ist, wie diese Sangoi-Buben", erkennt Hanneli, „macht man so etwas doch nicht mehr! Denkt euch, ich sah ein Mädchen" — plötzlich sind also auch Mädchen da — „das den eigenen Kot in die Hand nahm und zerdrückte! Das ist doch eine Schweinerei! Ob es wohl nachher die Hände sauber gewaschen hat, ehe es etwas aß? Man kann es nicht wissen! Vielleicht war es nachlässig genug, es nicht zu tun!" — „Du mußt doch einmal deine Löwen hinsenden, um Ordnung zu machen!" schlägt Lorli dem Bruder vor. Aber Hanspeter gibt seinen Tieren nie

Ordre. „Etwas anderes ist nötiger!" erklärte er mit gewichtiger Stimme. „Wir müssen den beschmutzten Rasen säubern!"

In Wirklichkeit hatte man mitunter den drei Geschwistern erlaubt, ein Stück Rasen zu gießen. Zugleich empfahl man ihnen, Obacht zu geben, daß sie die Kleider nicht netzten, und man verbot ihnen, sich gegenseitig zu spritzen.

Im Sangoi-Land nun hat jedes der Kinder einen Wasserschlauch mit einem kleinen Wendrohr, wie sie die Gärtner besitzen und womit man den Strahl regulieren kann. Nun werden allerhand Wasserspiele betrieben. Erst wird aller Unrat weggeschwemmt, weggespritzt, und wenn ein Sangoi-Bub sich nähert, wird er tüchtig mit Wasser begossen. Im Sangoi-Land macht dies nichts, ist es nicht verboten. Es ist ohnehin immer warm in dem Lande. Darum — und weil keine Erwachsenen vorhanden sind, die einen auslachen — darf man sich ruhig der Kleider entledigen und nackt umhergehen. Man darf sich auch ungeniert betrachten und befühlen.

Im Anschluß an eine „Sangöierlerei" sagt Hanneli eines Tages zu Hanspeter: „Du könntest uns einmal dein Röhrchen richtig zeigen, so weiß man, wie es aussieht!" Hanspeter zögert, ist verlegen, dann antwortet er: „Das kannst du ja bei den Sangoi-Buben sehen!" und er wendet sich ab. Hanneli insistiert: „Aber ich möchte es einmal richtig aus der Nähe sehen, und Lorli auch!" Lorli nickt beifällig und fügt bei: „Weißt du, Hanspeter, weil wir keines haben!" Hanspeter jedoch, mit stolzer Stimme, gibt Bescheid: „Das geht euch nichts an!" und dabei bleibt es.

Die Kinder haben begonnen, an den Abenden und am Morgen in der Frühe zueinander ins Bett zu schlüpfen, um sich vor dem Einschlafen und nach dem Aufwachen mit flüsternder Stimme und manchmal vor Wonne laut aufschreiend über das Sangoi-Land zu unterhalten. Die Mutter zeigt sich darüber nicht erfreut. Sie hat zuerst gute Miene zum Spiel gemacht. Jetzt aber, da sich das Spiel über ein Jahr und länger hinauszieht, fürchtet sie, ihre Kinder könnten allzulange an ihrem Phantasieland festhalten und deshalb den Anschluß an die Realität verpassen. Besonders über den nun bald schulpflichtig gewordenen Sohn macht sie sich Kummer. Sie unternimmt Versuche, ihren Nachwuchs vom „sangöierlen" abzulenken, indem sie an den Abenden mit ihnen gemeinsam betet und den Kindern vor dem Einschlafen eine real passierte „Geschichte" erzählt. Am Morgen zieht sie die Kinder rasch an und sucht ihren Ehrgeiz zu wecken, einander beim Anziehen behilflich zu sein. Hanspeter kann bereits die Schuhe selber binden, Lorli weiß Hanneli hübsch zu kämmen, Hanneli versteht es, ihren Geschwistern die Gestältlein am Rücken zuzuknöpfen (am Rücken zuzuknöpfende Leibchen, an die man die Höschen anknöpft). Die Mutter rühmt ihre Kinder entsprechend und macht mit ihnen Wetten, wer zuerst bei Tische sitze, wo den Kleinen eine von ihnen besonders geliebte Speise aufgetragen ist.

Was das Sangoi-Land ist und was darin geschieht, weiß man aus vielen Bruchstücken, die man zufällig erhaschte. Man saß bei geschlossenem Fensterladen in der Stube — die Kinder waren unterdessen draußen im Rasen, und man hörte, wie sie phantasierten im Glauben, unbelauscht zu sein. Oder man hörte ihnen an den Abenden und Morgen zu.

Auch der Großvater erklärt, er wolle mithelfen, die Kinder von der Sangoi-Phantasie abzubringen. Nur — er schlägt einen andern Weg ein als die Mutter. Er will nicht ab*lenken,* sondern *abreagieren* lassen. Die Großkinder werden gebeten, ihm alles, was sie wissen, über das Sangoi-Land zu berichten. Sie dürfen alles sagen und brauchen nicht zu befürchten, er verbiete ihnen, über dieses und jenes zu reden, wovon man sonst nicht spricht. Auf diese Art, hofft er, würde den Kindern durch Veräußerung an eine Autoritätsperson die Sangoi-Geschichte allmählich entwertet. Zugleich könne er fehlende Stücke der Sangoi-Sage erfahren. Er hält sich also an das kathartische [1] Verfahren.

Von Hanspeter vernimmt er, daß dieser im Sangoi-Land Soldaten besitze. Sie sind motorisiert und verfügen über große Kanonen und

[1] Katharsis = „Reinigung"; ein psychotherapeutisches Verfahren durch Abreagierenlassen.

Maschinengewehre, auch über Flugzeuge. Hanspeter liebt es, sich von einem solchen über das Land hin führen zu lassen. Er zeichnet sie mit grellen Farben, und sie sind alle mit vielen Motoren und Propellern ausgerüstet. Von den Elefanten, Löwen und Pferden spricht Hanspeter jetzt nicht mehr. Darüber befragt, antwortet er, sie seien in den Wald gegangen, und die Pferde hätte er, Hanspeter, auf eine Bergweide fortgegeben. Wenn jetzt jemand ins Sangoi-Land will, den Hanspeter nicht duldet, schickt er seine Kanoniere aus, ihn zu erschießen. Nach einigem Zögern erlaubt Hanspeter dem Großvater, ihn im Sangoi-Land zu besuchen, und die Mädchen anerbieten sich, den Tunnel größer auszufressen, damit für den alten Mann Platz frei werde. Jenseits des Grießkopfberges wird der Großvater dann von Hanspeter abgeholt. Der Bub wartet dort mit seinem größten Traktor. Hanspeter geht nämlich jetzt überhaupt nicht mehr zu Fuß, seitdem er Traktoren besitzt. Er hätte ja gewiß auch einen Personenwagen anschaffen können, aber mit Traktoren kann man viel mehr anfangen, und sie haben stärkere Motoren — und: die Soldaten, die wirklichen, haben Traktoren.

Auch Lorli spricht von „meinem" Sangoi-Land. Wenn sie den Tunnel hinter Hanneli passiert hat, steht sie an einem Wiesenbach, in dem sich Goldfischlein tummeln. Sie folgt dem Weglein am Bach, das ganz von weichem Moos wie im Walde bedeckt ist, barfuß und freut sich, sie ist Blumen-Liebhaberin, an den Farben und Wohlgerüchen. „Da gibt es ganze Äcker voller Rosen und Tulipanen wie in Holland", schwärmt sie und holt den farbigen Prospekt eines holländischen Blumenzüchters hervor; sie hat das Heftchen irgendwo aufbewahrt. „Und das duftet wie Veilchenwasser, und die Holunderbüsche am Bach stehen auch in Blüte und verbreiten Düfte. Und wenn ich dem Bache folge, komme ich an ein Seelein, und ein Kahn steht bereit!"

„Auch ich komme an einen See", erklärt Hanspeter, „aber an einen, der noch größer ist als der Neuenburgsee!" Hanspeter ist einmal in Stäffis gewesen. „Und darauf fahren Dampfschiffe mit großen

Rädern und solche mit Schrauben hinten, die ‚pfitzen‘ nur so über den See hin. Und dann sind hohe Berge da, Schneeberge wie in Grindelwald, wo ich mit dem Vatti gewesen bin. Und Bahnen führen hinauf bis auf die Spitze, steil steigende Zahnradbahnen, die gehen elektrisch. Mein Sangoi-Land ist halt das Sangoi-Oberland! Da kann man zu jeder Zeit skifahren und schlitteln!"

Lorli fügt bei: „Wenn ich müde bin, trete ich in mein Häuschen, das inmitten von Blumengärten steht und wie ein Oberländerhäuschen aussieht. Es hat viele Abörtlein, weißt du, solche, wo man nachher an einer Handhebe ziehen kann — und dann rauscht Wasser herunter. Außerdem ist ein Keller da, und von dort aus kann man durch einen niedrigen Gang ins Zwergenheim gelangen; manchmal kommt ein Zwergenbüblein hervor, nur ein ganz kleines, aber es wird schon wachsen mit der Zeit, bis es so groß ist wie die großen Zwerge. Und dann bleibt es bei mir und wird mein Portier an der Haustüre, oder es schläft im Garten." — „Auf meinen Bergen sind Sennhütten", erklärt Hanspeter, „und große Hotels, und die gehören mir!"

„Mir gefällt die Ebene besser", meint Lorli. „Da gibt es Wäldchen, und da grasen die Rehe und meine Rosse, und die Füllen springen umher! Und wenn ich reiten will, brauche ich nur einem Schimmel zu rufen!"

So unterscheidet sich jedes „Sangoi-Land" der drei Geschwister und enthält das, was sie am meisten freut.

In ihre Wirklichkeit trat nun ein schwerwiegendes Ereignis ein. Sie sollten ein neues Geschwisterchen bekommen, und sie wurden von ihrer Mutter darauf vorbereitet. Die erste Reaktion, als sie die Ankündigung vernahmen, war Freude. Hanspeter erkundigte sich dann, ob es ein Brüderlein oder ein Schwesterchen sein werde; er habe Schwestern genug, erklärte er, und es sei endlich Zeit, daß in der Familie zwei Buben den zwei Schwestern gegenüberständen. Hanneli erkundigte sich vorsichtig, wo der Neuankömmling schlafen werde — ob sie ihm vielleicht ihre Wiege werde abtreten müssen. Als sie hört, das Kind werde in den Stubenwagen gelegt, den man bei der Tante hole, ist sie beruhigt und freut sich weiter. Lorli erklärt rundweg, sie wolle auch ein Kindlein haben. Es wird dann beobachtet, daß sie sehr merkwürdig zu gehen beginnt. So, als könne sie die Oberschenkel kaum mehr bewegen. Eine Untersuchung ergibt, daß Lorli eine Baumnuß mit einem Bindfaden unterm Hemdchen an den Schoß gebunden hat. Sie erklärt, die Nuß werde wachsen, bis Lorli einen ebenso dicken Leib wie die Mutter bekomme, und in der Schale verborgen sei ihr Kindchen — es werde, wenn es groß genug sei, die Schale auftun und hervorkommen, so wie die Küchlein aus den Eiern. Mit Behutsamkeit klärt die Mutter Lorli allmählich über den Irrtum auf, und die Kleine verzichtet nach einigen Tagen auf das Tragen der Nuß. Dagegen hat man Lorli versprechen müssen, das erwartete Geschwisterchen gehöre dann weitgehend ihr. Sie dürfe es auf den Armen tragen, sie dürfe es der Mutter an die Brust bringen, sie dürfe ihm später den Schoppen reichen und es trocken legen, sie dürfe schließlich mit ihm ausfahren.

Daraufhin benimmt sich Lorli ihren Eltern gegenüber auffallend zärtlich — zugleich äußert sie den Großeltern gegenüber Zeichen der Ablehnung. Als das Mädchen einmal eines Messers habhaft wird, traktiert es damit heimlich den Eßtisch, obwohl es genau weiß, man dürfe das Möbel nicht beschädigen. Eines Tages flicht Lorli die Fransen eines Tischtuches zu Zöpfen; dann erwischt das Mädchen eine Schere und schneidet von den Zöpfen ab. Zur Rede gestellt, behauptet es: „So sieht die Decke doch schöner aus — ein Bubikopf ist schöner!"

Ein andermal schneidet Lorli eine Kordel ab und erklärt: „Ich will sehen, ob sie nachwächst!"

Dies geht — äußerlich — darauf zurück, daß die Großeltern Lorli, als sie dreijährig war, die Haare schneiden ließen. Damals leistete sie größten Widerstand, heulte und war fast gar nicht wieder zu beruhigen; die Großeltern trösteten: „Die Haare werden dir nachwachsen!"

Wir haben schon früher gesehen, daß Lorli an ihrem Kastrationskomplex herumlaboriert — als sie behauptete, im Sangoi-Land gebe es nur Buben, und auch sie sei einmal ein Bub gewesen. Auch die Stelle vom Zwerglein im Keller von Lorlis Haus im Sangoi-Land deutet darauf hin: das Zwerglein steht als Portier am Gang ins Zwergenland — und es wird *wachsen*. Lorli gibt sich also der Hoffnung hin, doch noch ein Bub zu werden. Wir brauchen nur die Topographie des dem Mädchen gehörenden Sangoi-Hauses in die sexuelle zu übersetzen, um zu verstehen, was Lorli für Gedanken und Wünsche darstellen möchte. Neben dem Anal-Urethralen beschäftigt der Kastrationskomplex das heranwachsende Mädelchen mehr und mehr. Er wird aktiviert, indem Lorli Möbel und Gegenstände mit Messer und Schere behandelt und ihnen antut, was in ihrer Phantasie ihr angetan worden ist.

Nachdem die Mutter einem Knäblein das Leben geschenkt hat, weiß sie es einzurichten, daß die älteren Kinder möglichst wenig eifersüchtig werden. Die Mädchen insbesondere dürfen immer dabei sein und von allem Anfang an und immer mehr gewisse Handreichungen besorgen, wenn der Säugling gepflegt wird. Hanspeter interessiert sich weniger. „Er ist ja sowieso ein Bub!" erklärt er und will damit andeuten, er habe nicht nötig, sich um die Zuneigung des Kleinsten zu bemühen, dieser gehöre ohnehin zu ihm, weil er seines Geschlechtes sei. Deshalb überläßt er den Säugling gnädig den Schwestern. „Wenn er groß genug ist", sagt Hanspeter, „hole ich ihn mit dem Traktor ab, und er kommt mit in mein Sangoi-Land. Und dort gebe ich ihm einen eigenen Traktor!" — Seine „ritterliche" Einstellung zeigt sich auch, als man auf Geheiß des Arztes beim Kleinsten den Harn abfangen will. Der Säugling schreit zum Protest aus Leibeskräften. Hanspeter entrüstet sich: „Was plagt ihr ihn so? Gebt doch *mir* das Fläschchen, ich uriniere es voll, und Heini braucht nicht zu brüllen! — Und so merkt er dann, daß ich sein Bruder bin!"

Eines Tages trifft man Lorli herzzerbrechend weinend an. Niemand weiß um den Grund. Sie klagt: „Es hat mich halt niemand gern!" Man reicht ihr Lieblingsspeisen und sucht sie abzulenken.

„Und doch hat mich niemand gern!" wimmert sie untröstlich. „Der Vatti hat mich nicht gern, und Mutti hat mich auch nicht gern!" — Des Rätsels Lösung zeigt sich ein paar Tage später. Die Kinder sprechen vom Sangoi-Land. Lorli schürzt die Lippen: „Bah — dort bekommt man aus Nüssen auch keine Kinderlein!" keift sie. Und kurz darauf scheinbar unvermittelt: „Ich bin halt *doch* ein Mädchen, und nicht ein Bub, und es ist nicht wahr, daß es im Sangoi-Land nur Buben gibt!" Und hierauf, trotzig: „Aber wenn ich groß bin, werde ich auch ein Kindlein bekommen, die Mutter hat es gesagt, und ich will den Hanspeter heiraten!" Hanneli erklärt: „Ja, und auch ich will ein Kind haben, wenn ich groß bin. Es werden mir dann auch Brüste wachsen, sie sind jetzt nur noch klein, aber sie wachsen wie meine Zöpfe, Mutti hat gesagt, ich brauche nur zu warten!"

Später einmal erklärt Lorli: „In meinem Sangoi-Land haben die Mädchen Stricknadeln, die von selber stricken — und in einem einzigen Nachmittag stricken die ein Jäcklein fertig!"

Wir ahnen: Lorli steht im Begriff, das Kastrationstrauma zu überwinden [1], das durch die Geburt des Kleinsten neubelebt wurde. Hanneli wird dabei mitgerissen. Aber sie ist noch nicht wie Lorli imstande, sich in die Realität ihrer Geschlechtsrolle einzufügen und tut es mehr nur in der Phantasie. Sie erklärt: „In meinem Sangoi-Land habe ich einen Jakobli, der ist schon fast so groß wie der Hanspeter, und einst will ich ihn heiraten!" — Den Namen Jakob trug ein Brüderchen, das verstarb, als Hanneli anderthalb Jahre alt war. Und auch Hanneli — ähnlich wie vorher Lorli — nimmt eines Tages die Schere und schneidet damit in den Fenstervorhang.

---

[1] Daß Lorli ihren Kastrationskomplex und Penisneid wirklich überwunden und sich mit ihrer Geschlechtsrolle abgefunden hatte, zeigte sich, als das Mädchen 8 Jahre alt geworden war. Lorli und Hanneli duschten sich. Hanneli hatte die bewegliche Brause in der Hand und ließ den Wasserstrahl ihrem Schwesterchen zwischen die Beine spritzen. Lorli kreischte, halb vergnügt, halb warnend, und rief: „Hör' doch auf, das kitzelt einen ja bis ins Innerste — bis zu den Kindlein, und die wollen doch noch schlafen — du darfst sie nicht aufwecken!"

„Er ist zu lang!" behauptet sie trotzig, als man ihr mitteilt, das dürfe sie nicht tun.

Nachdem Hanspeter nun sieben, Lorli ungefähr fünfeinhalb und Hanneli etwa drei Jahre alt geworden, gaben die Kinder allmählich ihre Unterhaltungen über das Sangoi-Land auf. Erinnerte man sie später daran, lachten sie ein wenig verlegen und zugleich sehnsüchtig. Wie das sagenhafte „Atlantis" im Ozean, so verschwand das Sangoi-Land nach und nach im Meere des Vergessens, und es wäre nicht zum Wundern, wenn es bei den Beteiligten schließlich in völlige Amnesie geriete, oder wenn diese sich nur noch an die stubenreinen Bruchstücke darin erinnerten — oder wenn ihnen nur noch das Gefühl übrig bliebe von einem einst genossenen sagenhaften Kinderglück, wie es Gauguin auf einer fernen Weltmeerinsel wiederzufinden hoffte, und wie Mörike es besang:

„Du bist Orplid, mein Land, das ferne leuchtet ...“

*

Es scheint uns fast schade, die Sangoi-Sage nun zu zerfasern, indem wir die Säure wissenschaftlicher Erörterungen darauf gießen.

Wir wollen es möglichst in abgekürztem Verfahren tun, uns darauf beschränken, einige Gesichtspunkte anzudeuten, und uns der Hoffnung hingeben, die Geschichte habe uns dem kindhaften Denken mindestens ebenso nahe gebracht, als weitschweifige psychologische Theorien dies vermöchten.

Denn — wenn wir uns in Kinder eindenken wollen, müssen wir uns in sie ein*fühlen* können. Es handelt sich dabei viel mehr um einen in uns stattfindenden affektiven, als um einen rein intellektuellen Prozeß. Ohne das *affektive Mitgehen* können wir Kinder niemals *verstehen,* und wir kommen nicht an sie heran. Dies jedoch müssen wir können, falls wir uns zur Aufgabe machen, sie zu erziehen oder nachzuerziehen, sobald sich bei ihnen Abwegigkeiten äußern, welche psychotherapeutisch angegangen werden müssen. Wir müssen in uns die Fähigkeit bewahrt haben, uns mit den Kindern *identifizieren* zu können, ohne selber auf die Kindheitsstufe zu regredieren.

Ich habe da und dort während des Berichtes über die drei Geschwister kurze Hinweise tiefenpsychologischer Art eingefügt. Wir sahen, wie die orale Entwicklungsphase hauptsächlich die kleine Hanneli beschäftigte und im Mittelpunkt ihres Denkens stand, wie anale und harntrieb-erotische Gedankengänge, später der Kastrationskomplex und die Sexualforschung die Lorli bewegten, während Hanspeter sich bereits in der phallischen Phase befindet und darum von mächtigen Tieren, von Motoren, von hohen Bergen und dergleichen Potenzsymbolen schwärmt.

Wir konnten ferner ein Stück Ich-Entwicklung der Kinder verfolgen: Das Triebhafte suchen sie zu meistern, indem sie all das, was als verpönt gilt, an die schlimmen Sangoi-Buben abdelegieren und es auf diesem Umweg mitgenießen. Im Spiel, und bereits auf dem Wege der Wortvorstellungen, werden die Triebregungen verarbeitet. Man kann Sublimierungsversuche deutlich feststellen, etwa dann, wenn Gartenschlauch und Wendrohr an Stelle der Urinspiele gesetzt werden.

Etwas, das uns am stärksten packt, ist wohl Lorlis Manipulation, um zu einem Kindlein zu kommen, und der Verzicht darauf. Bevor er geleistet werden kann, kommt der Kastrationskomplex zur letzten Blüte und wird durch Aktionen betätigt. Die Magie mit der Nuß ist faszinierend und rührend, ebenso der Aussöhnungsversuch mit der Mutter, den Eltern. Die Mutter wird als Trösterin aufgefaßt, die vom Ödipuskomplex her stammenden Aggressionen auf das Großelternpaar gerichtet, deren Besitz das Mädchen schädigt. Dagegen faßt Hanspeter das Erscheinen eines Brüderchens als Selbstbestätigung auf und vermag sich darum dem kleinen Heini gegenüber „ritterlich" zu betragen, der Konkurrenzneid ist ausgeschaltet.

Es bestätigt sich all das, was Freud in seinen *Drei Abhandlungen zur Sexualtheorie* dargelegt hat, und wir wollen darauf verzichten, es Stück für Stück nachzuweisen.

Die Sangoi-Land-Geschichte können wir nun noch von einem andern Gesichtspunkt her betrachten: Wir finden in ihr all die Wesenszüge kindhafter Denkart, wie wir sie während der vorangegangenen Kapitel aufgezeigt fanden:

1. Es wird in Symbolen gedacht und agiert;

2. der gesamte Denkprozeß vollzieht sich nicht mit logisch-realistisch-rationalistischen Kategorien, und vor allem fehlt ihm das Abstraktorische. Es wird prälogisch gedacht und gehandelt;

3. alle Tiere sind Stellvertreter für Menschen, so die Pferde, Löwen, Elefanten. Sie werden anthropomorphologisch aufgefaßt, ebenso die Welt der Dinge. Das Denken ist animistisch;

4. und es ist magisch. Dies wird besonders an der Episode mit der Nuß deutlich; sie macht außerdem das Denken in Symbolen sehr augenfällig;

5. das Totemistische fällt uns bereits an der Stelle auf, da Hanneli den Großvater dem Pferde gleichsetzt, umgekehrt die Pferde dem Vater. Angedeutet sind totemistische Züge auch bei Hanspeter, wenn er seinen Löwen und Elefanten kommandiert und sie als sein gesteigertes Selbst auffaßt, und wenn er und Lorli bei den Pferden und Elefanten schlafen, sich von ihnen beschützen lassen, so wie der Tiertotem die ihm angehörenden Stammesmitglieder vor Unheil beschützt.

Es ist jetzt nur noch nötig, eine kleine Korrektur in bezug auf das kindliche Denken anzubringen. Das ursprünglich vollständig ichbezogene, narzißtisch-autistische, typisch infantile Denken wird schon sehr früh dadurch gestört, daß sich die Realität mit ihren eigenen Gesetzen der kindlichen Beobachtung aufdrängt. Eindrücke der wachwerdenden Sinne zeigen dem Kinde, es gebe eine Welt außerhalb von ihm, von *ihren eigenen* Gesetzen regiert. Das Kind sieht, je älter es wird, desto besser ein, daß sein Denken in bestimmten Widersprüchen zur Wirklichkeit steht und die lustbetonte Allmacht seiner Gedanken, obwohl es daran hängt und sie in seinen Phantasien lange Zeit pflegt, irreal ist. Allmählich — immer mehr — wächst die Realitätsprüfung und damit das Denken an Hand der

Denkkategorien der Erwachsenen. Das „Sangoi-Land" gerät in Vergessenheit — das heißt so viel, daß das typisch infantile Denken demjenigen der Erwachsenen sich annähert. Dieser Umwandlungsprozeß geschieht allmählich, es braucht dazu die Frist vieler Jahre, und erst nachdem lange Zeit beide Denkarten nebeneinander bestanden, entscheidet sich der aufwachsende Mensch schließlich dazu, real [1], nach kausalen Gesetzen und schließlich abstraktiv und theoretisch zu denken — manch einer bringt es sein Lebtag lang nicht so weit, wofür alle die sogenannten „abergläubischen" Vorstellungen der Erwachsenen Zeugnis ablegen, vom „Toi-toi-toi"-Rufen, dem Auf-Holz-Klopfen, dem Maskottchen im Wagen, dem beschützenden Marienbild am Kettchen um Hals oder Handgelenk, den Vermeidungszeremoniellen an Freitagen bis zu den zauberischen Maßnahmen zum Zwecke des Selbstschutzes und Wohlgedeihens oder des Vorbeugens oder Heilens von Krankheiten und Unglücksfällen.

Vielleicht ist es so, daß wir Erwachsenen, so stolz wir auf unsere Art des Denkens sind, nie gänzlich loskommen von den ursprünglichen menschlichen Denkkategorien, wie wir sie im Ordinationszimmer des Psychotherapeuten bei gewissen Erkrankungen an den Patienten feststellen oder wie wir sie beim Umgang mit Kindern, auch unter gesunden, direkt beobachten können.

Für die Ansicht, daß uns Erwachsenen die Denkart der Kinder nicht so sehr fremd sei, wie wir gerne wahrhaben möchten, spricht doch wohl die Tatsache unserer *Träume*. Sie schlagen den Bogen von der Welt der Erwachsenen zu derjenigen der Kinder. Und wenn wir sagen, der Traum sei die Sprache des Unbewußten, dann dürfen wir den Satz für berechtigt ansehen, daß die Kinder, je jünger sie sind, desto ausschließlicher *nach den Gesetzen des Unbewußten denken und handeln* und deshalb anders als wir, die wir uns am Objektiven orientieren, seine Gesetze zu erkennen suchen und uns danach richten.

---

[1] Den Übergang vom Phantasie-Denken zum realen Denken beobachtet man in den Schulen; die Neunjährigen wollen nicht mehr Märchen hören, „diese sind ja nicht *wahr!*" erklären sie und verlangen nach *„wahren Geschichten"*.

Das Kind sucht die Außenwelt sich einzuverleiben und sie mit dem Mittel der Phantasie zu meistern — wir aber sind bestrebt, die Außenwelt scharf zu erfassen, um uns ihr anzupassen oder um sie, soweit dies geschehen kann, gemäß unseren Lustansprüchen abzuändern. Deshalb entwickeln wir den *Geist:* er soll über das Materielle herrschen, ohne daß wir uns über dessen Wesen phantastische Illusionen machen.

Und doch — wenn wir die Geschichte der Menschheit überschauen — müssen wir uns eingestehen, daß wir immer wieder in unsere Sangoi-Länder zurückgefallen sind, und daß jene höhere Form des Denkens, die wir die „erwachsene" bezeichnen, mehr oder minder Ideal geblieben ist.

Ich sah einst Achtjährige, die während einer Schulpause den beim Unterricht behandelten *Reinecke Fuchs* dramatisierten. Die Lehrerschaft konnte gerade noch zur rechten Zeit verhindern, daß man den Reinecke wirklich am Schulhofgeländer erhängte, was alle Mitspielenden, selbst Reinecke, als durchaus am Platze fanden. — Ein Jahr später lächelten die Kinder verlegen und beschämt, wenn sie an den Vorfall erinnert wurden und sagten zu ihrer Entschuldigung: „Damals waren wir halt noch klein und dumm!"
Der Unterschied zwischen urtümlicherem und „realem" Kinderdenken: Für das Kleinkind ist der Stuhl bald Stuhl, bald Kamerad, bald Eisenbahnwagen, bald Kuh usw. Wird das Kind älter, erkennt es im Stuhl nur noch den Stuhl, die Sitzgelegenheit, den Gegenstand, wie er wirklich ist und einem bestimmten Zwecke dient, für den er geschaffen wurde.

Viertes Kapitel

Unterschiede zwischen der Erwachsenen- und der
Kinderpsychotherapie
Geschichte der Entwicklung der Kinderpsychotherapie

—————

Wenn wir das Denken der Menschen betrachten, finden wir drei
Arten oder Stufen, wobei sich die eine aus der anderen allmählich
entwickelt. Die erste, die nach dem vor-magischen Sein der allerersten Lebenszeit in Erscheinung tritt, ist das kindhafte Denken; ich
habe versucht, es darzustellen. Es ist dadurch gekennzeichnet, daß es
der *primitiven* Wunschwelt entspricht, von ihr dominiert wird, iden-
tisch ist mit dem *„Denken des Unbewußten"* und *Symbole* für die
Dinge setzt. Schon früh macht sich — neben diesem Denken in Symbolen — die *Realitätsprüfung* bemerkbar und verändert nach und
nach das kindliche Denken; das älter werdende Kind lernt die
Eigengesetzlichkeit der Umwelt erkennen und begreift den Zusammenhang von Ursache und Wirkung; es beginnt, logisch zu folgern
und rationalistisch zu erfassen; noch ist aber sein Denken stark
konkretorisch, und bei recht vielen Menschen bleibt es auf dieser
Stufe stehen. Bei stärker „intellektuellen" jungen Leuten tritt während der Zeit der Reifwerdung eine neuerliche Umformung des
Denkens ein: sie beginnen *abstraktorisch* zu denken und werden,
hauptsächlich in unseren Gymnasien, dazu geschult. Aus der Welt
der Erscheinungen und ihrer Wesensgesetze wird das Begriffliche
herausdestilliert und zu neuen Symbolen zusammengefaßt. Das
„reine" Denken, das Denken in abstrakten Begriffen, ist eigentlich
wiederum ein Symbol-Denken, allerdings auf anderer, höherer Stufe
als das Symbol-Denken kleiner Kinder.
Es sei darauf hingewiesen, daß Menschen, die sich dem „reinen"

Denken hingeben, oft den realen Boden unter den Füßen mehr oder weniger verlieren; man bezeichnet sie als „Unpraktische", im schlimmen Falle als „Stubengelehrte", die sich in der Realität des alltäglichen Lebens kaum mehr zurechtfinden, oder sie werden „Scholastiker". Der „Scholastiker" steht der Realität mindestens so fern gegenüber, wie das Kind, das noch ganz in infantilen Kategorien denkt; meist zeigt er sich, vor reale Probleme gestellt, hilflos ausgeliefert. Sein Denken hängt in der Luft wie eine Fata Morgana, er ist entwurzelt.

Darum eignet sich der rein intellektualistische Mensch im allgemeinen kaum zum Psychotherapeuten, so wenig wie für eine andere Arbeit, die *praktische* Zwecke verfolgt.

Der Psychotherapeut sollte *überkategorial* denken können. Ich möchte darunter eine Weite des Denkens verstehen, die alle drei Denkkategorien umfaßt: die des Kleinkindes, die des Realisten und die des „reinen" Denkens. Eine solche Weite des Denkens erlaubt ihm, sich in die verschiedenartigsten Denktypen unter seinen Patienten einzudenken, ihnen überallhin zu folgen.

Vorbedingung für einen Psychotherapeuten, der sich auf psychosomatische Affektionen der *Kinder* spezialisieren will, ist die möglichst genaue Kenntnis der kindlichen Art des Denkens und der infantilen „*Welt*", die das Denken der Kinder nicht nur *inhaltlich* bestimmt, sondern auch *formt*.

Diese Kenntnis bereichert jedoch im Hinblick auf den Beruf nicht nur den, der sich mit Kindern abgeben möchte, sondern auch jenen, der Erwachsene mit psychogenen Anomalien behandeln will; denn alle seelischen Fehlentwicklungen stehen, wie die Erfahrung längst gelehrt hat, in allerengstem Zusammenhang mit der historischen Entwicklung des Patienten — sie haben ihre infantilen Wurzeln und sind verlötet mit der kindlichen Welt, dem kindlichen Fühlen, Empfinden, Anschauen und Denken.

Ich möchte nun versuchen, die Zusammenhänge zwischen kindlichem Denken und der speziell für Kinder modifizierten psychotherapeutischen Praxis aufzudecken.

Zuvor wollen wir uns daran erinnern, daß Groddeck [1] die Ansicht vertreten hat, Seelisches und Körperliches seien im Grunde genommen eines, und ihre Trennung entspreche nur verschiedenen Aspekten: beide seien Wirkungen des „Es", welches das Ganze des Menschen gestalte, präge. In bezug auf die Krankheiten behauptete der Zitierte, daß sowohl Zwangsneurose und Hysterie als auch eine Syphilis und ein Asthma vom „Es" gewollt und aufgebaut seien; er leugnete, daß Bakterien usw. eine Erkrankung hervorrufen könnten, falls dies nicht in der Absicht des „Es" liege, das unter Umständen auch einen Herzklappenfehler oder einen Beinbruch für nötig finde und arrangiere. Alles führte Groddeck auf die geheimnisvolle Substanz, die er „Es" nannte, zurück, Krankes und Gesundes; seine Lehre besticht wegen ihrer Einheitlichkeit — man könnte höchstens einwendend fragen, ob sie nicht etwas wie eine Philosophie sei.

Freud hat bekanntlich Groddecks Begriff des „Es" als einen glückhaften Fund begrüßt und ihn übernommen. Er faßt den Begriff jedoch ein wenig anders, was schon daraus hervorgeht, daß er das „Es" dem „Ich" gegenübergestellt. Obwohl Freud [2] der Ansicht ist, daß sich das Ich aus dem Es sondere, spricht er diesem nicht jene umfassende Macht zu, wie es Groddeck tut. Freud entdeckte einst, daß körperliche Erkrankungen Wirkungen unbewußter seelischer Vorgänge sein können. Aber er ging nie so weit, etwa eine Zahnkaries oder einen Mumps grundsätzlich für Wirkungen des Unbewußten, des „Es", zu halten — oder zu postulieren, jeder Gliederbruch usw. sei vom „Es" arrangiert worden.

Wenn ich gezwungen bin, an einem stürmischen Tage durch eine Häuserreihe zu gehen, und es fällt mir ein Dachziegel auf den Kopf, hält es schwer und erscheint konstruiert, den Unfall unbedingt als Wirkung des „Es" zu agnoszieren. Ebensowenig will es uns ein-

---

[1] Groddeck, *Das Buch vom Es.* Wien, 1923. *Psychosomatische Forschung als Erforschung des Es,* in PSYCHE, Band 4, Heft 10; Heidelberg, Januar 1951.

[2] Sigmund Freud, *Das Ich und das Es.* Ges. Schriften Bd. 13.

leuchten, er sei die Folge des in mir wirkenden „Todestriebes" gewesen. Und wenn ich während des Krieges bei Fliegeralarm in den Luftschutzkeller geflüchtet bin, in den dann doch eine Bombe durchschlägt, kann dies ebensowenig Absicht des in mir wirkenden „Es" oder des „Todestriebes" sein.

Mit Sicherheit jedoch wissen wir:

1. daß die *Krankheiten* sowohl eine somatische als auch eine psychische Seite haben, wobei uns das eine Mal die eine, das andere Mal die andere stärker auffällt und uns zu entsprechender Therapie veranlaßt. Für diejenigen Affektionen, bei denen das sogenannte „Psychogene" im Vordergrund steht, wenden wir psychotherapeutische Verfahren an.

Freud äußerte sich einmal dahin, er halte es für möglich, wir könnten einst vielleicht dazu kommen, die Psychoneurosen mit chemotherapeutischen Methoden zu heilen, womit wir den langwierigen Prozeß der Psychotherapie abzukürzen vermöchten. Vorläufig sind wir noch nicht so weit gekommen.

2. So viel aber ist sicher, daß wir neurotische Erscheinungen vorläufig *nur* mit dem Mittel der Psychotherapie zum Verschwinden bringen können.

Eines der psychotherapeutischen Verfahren ist die *Psychoanalyse* im Sinne einer Arbeitsmethode [1].

Die Psychoanalyse als therapeutische Technik entwickelte hauptsächlich das Bewußtmachen unbewußter Inhalte des Seelischen. Der Patient wird angehalten, „frei" zu assoziieren. Er wird auf die psychoanalytische Grundregel verpflichtet, die ihn veranlaßt, jegliche (bewußte) Zensur auszuschalten und dem Arzte alles mitzuteilen, was dem Analysanden gerade einfällt, unbekümmert um die Zusammenhänge, um die Schicklichkeit, Logik und andere Rücksichten. Was zuerst als heillos verworren erscheint, ordnet sich allmählich und läßt einen *Sinn* erkennen; der Patient selber ist imstande, das gewonnene Material zu *deuten,* oder der Psychothera-

---

[1] Der Begriff „Psychoanalyse" ist mehrdeutig. Mit ihm kann auch die „Lehre vom Unbewußten" gemeint sein.

peut faßt zusammen und macht Deutungs*vorschläge*, die der Analysand akzeptiert oder auch nicht. Ist eine Deutung falsch, kommt dies bei der Weiterarbeit deutlich an den Tag und korrigiert sich von selbst. Bei solcher Arbeit, die unter steter Berücksichtigung des Widerstandes, der Übertragung und Gegenübertragung fortschreitet, kommen die pathogenen, affektiv aufgeladenen Gedankenkomplexe zum Vorschein und werden so lange bearbeitet, bis sie dynamisch am „richtigen Standorte" eingeordnet sind und wirken, den psychosomatischen Ablauf nicht mehr störend.

Das Technisch-Kennzeichnende am Heilungsvorgang bei erwachsenen Patienten ist, daß sich die ganze Arbeit auf der Chaiselongue und mit Worten, mit *Mitteilungen* vollzieht. Der Analysand *spricht* — er *soll* sprechen — er soll *nicht agieren.* Er muß seine Affekte und Impulse in *Wortvorstellungen* umformen und darf dabei höchstenfalls weinen, trotzig schweigen, mit der Faust auf das Ruhebett schlagen, mit den Zähnen knirschen, ein Kissen werfen. Handlungen in weiterm Ausmaß sind ihm nicht gestattet. Das Umformen der Affekte und Impulse in *Wortvorstellungen* entspricht bereits der *Anbahnung einer Sublimierung.*

Man hat ziemlich früh erkannt, daß man die *„klassische" Analyse* bei Kindern nicht anwenden kann. In der Regel gelänge es nicht einmal, Kinder länger als für einen Moment auf der Chaiselongue zu behalten. Und wenn man schon oft bei erwachsenen Patienten die allergrößte Mühe aufwenden muß, um sie zum regelrechten *Assoziieren* zu bringen: Kinder sind meist überhaupt nicht dazu zu bewegen; eine solche Selbstdisziplin liegt ihnen fern — sie können sich bei ihren Produktionen, insbesondere beim *Reden,* nicht an vorgeschriebene Richtlinien wie die der psychoanalytischen Grundregel halten.

Es sei auf einen weiteren Unterschied, den die Therapie zu berücksichtigen hat, aufmerksam gemacht. Der erwachsene Patient kommt mit einem vollständigen oder doch *ziemlich vollständig ausgebildeten Ich* in die psychotherapeutische Kur, das Kind jedoch mit einem meist noch sehr unvollkommenen und schwachen Ich. Wenn wir bei einem erwachsenen Patienten ab und zu vor der Aufgabe stehen, *die Triebansprüche gegen ein allzustrenges Über-Ich zu verteidigen,* die hemmende Macht des Über-Ichs einzudämmen, *müssen wir bei Kindern manchmal ihr Ich zu stärken suchen,* und dies genügt bereits, um sie von allerhand Symptomen zu heilen.

Kinderpsychotherapie bedingt also *spezielle* Techniken, die sich nicht ohne weiteres vergleichen oder ableiten lassen von jenen, die bei der Behandlung Erwachsener gebräuchlich sind.

Man erkannte bald einmal, daß man an Stelle der Assoziationsmethode die *Spieltechnik* verwenden mußte. Anna Freud [1] entwikkelte eine. Sie besteht darin, daß man das Kind längere Zeit nach freier Wahl spielen läßt: Es liest sich aus einem Speilzeugschrank all das aus, womit es spielen *will,* und es *erfindet* die Spiele womöglich selber. Sehr beliebt sind die Puppen und Kasperlespiele geworden. Nachdem die Kinderanalytikerin eine Summe von Spielen hat beobachten können und deren Sinn erraten hat, fängt sie behutsam an, dem kleinen Patienten den symbolischen Gehalt zu deuten und ihm so ein Stück seiner unbewußten Seelenregungen sichtbar zu machen.

Wir sehen: an Stelle der Assoziationen stehen Spiele — statt daß (wie bei Erwachsenen) ein Komplex von Assoziationen gedeutet wird, *wird der Sinn der Spiele gedeutet.*

Diesem Verfahren entsprechend würde man etwa, nachdem man beobachtet hat, wie Lorli den Eßtisch beschädigt und die Fransen vom Tischtuch abtrennt, das Kind vorsichtig fragen, ob vielleicht *ihm* etwas abgeschnitten worden sei und ob es dies rückvergelten wolle. Lorli wird darauf wahrscheinlich antworten, man habe ihm einst die Haare weggeschnitten und gelegentlich beschneide man ihm die Finger- und Zehennägel. Dann könnte man Lorli auffordern, es möge darüber nachdenken, ob man ihm möglicherweise noch etwas anderes abgeschnitten haben könnte, was es vermisse, um das Kind allmählich dazu zu führen, seinen Kastrationskomplex zu erkennen, damit man ihn innerhalb der psychotherapeutischen Kur bearbeiten

[1] Anna Freud, *Einführung in die Technik der Kinderanalyse.* Wien, 1927

kann. Man würde Lorli darauf aufmerksam machen, es habe sich dahin geäußert, einmal ein Bub gewesen zu sein, und es habe zusammen mit Hanneli verlangt, daß Hanspeter den Schwestern sein Gliedlein zeige. Auch habe es einst geseufzt, es sei „halt doch ein Mädchen".

Es wird also *sehr vorsichtig,* und erst nachdem man genügend und überzeugendes Material gesammelt hat, gedeutet.

Melanie Klein [2], deren Arbeiten über Frühschizophrenie noch nicht übertroffen worden sind, geht viel forscher vor als Anna Freud. Sie betrachtet es als unnötig und zeitverschwenderisch, erst so sehr vieles und weitläufiges Material zu sammeln, bevor man den Kindern etwas deutet. Nach ihrer Ansicht darf und soll man sofort deuten, sobald man etwas erkennt.

Wenn also ein Kind zu einem Kinderpsychotherapeuten in Behandlung kommt, der nach Kleinschen Methoden arbeitet, und wenn der kleine Patient eine Lokomotive ergreift und sogleich auseinandernimmt, wird der Therapeut ihm deuten, das Kind nehme wunder, wie es im Leibe der Mutter aussehe. Nimmt es zwei Lokomotiven und spielt Eisenbahnzusammenstoß, wird ihm alsogleich mitgeteilt, es stelle dar, wie Vater und Mutter miteinander täten; in beiden Fällen würde sich der Therapeut erkundigen, warum dies das Kind interessiere, was es darüber denke usw. In ihrem Buche *Die Psychoanalyse des Kindes* begründet Melanie Klein ihre Technik damit, daß man sich mit ihr *„mit dem Unbewußten des Patienten direkt in Verbindung setzen"* könne.

Bei Erwachsenen ist Stekel ähnlich vorgegangen: Er deutete Träume, ohne sich erst um das Aufarbeiten von vielem Einfallsmaterial zu bekümmern, sofort nach Anhören des manifesten Inhalts an Hand seiner Symbolkenntnis. Freud hat solche Methoden abgelehnt und vor *„wilder* Psychoanalyse" gewarnt.

Als ich seinerzeit anfing, Kinder vermittelst psychoanalytischer Einsichten von allerhand psychogenen Störungen oder Schwierigkeiten zu befreien, wußte ich weder etwas von den Arbeiten Anna Freuds,

---

[2] Melanie Klein, *Die Psychoanalyse des Kindes.* Wien, 1932

noch von denen Melanie Kleins, denn keine der beiden Damen hatte etwas darüber publiziert. Dagegen kannte ich die Art und Weise, wie Pfister in Zürich bei Konfirmanden psychoanalytisch fundierte Seelsorge betrieb. Er hatte 1913 ein Bändchen unter dem Titel *Was bietet die Psychoanalyse dem Erzieher?* [1] herausgegeben, dem alsogleich das umfangreichere Werk *Die psychoanalytische Methode* [2] folgte, aus dem man damals eine Menge technischer Winke und Ratschläge holen konnte [3]. Die ersten Kinder, die ich behandelte, waren im Alter von zwölf und mehr Jahren, also von Leutchen, die im Vorpubertäts- oder gar bereits im Pubertätsalter standen. Ich sah bald ein, daß man sie bei den „Sitzungen" oft nicht veranlassen konnte, sich auf die Chaiselongue zu legen, und daß die Arbeit häufig viel besser fortschritt, wenn wir uns, statt im Zimmer zu sitzen, in den nahen Wald begaben. Während des Spazierens in der Stille forschte ich nach Träumen, suchte Einfälle dazu zu erhalten, ließ mir aus dem Leben erzählen, und sobald ich Beweismaterial genug zu haben glaubte, schlug ich in Frageform Deutungen vor. Auf diese Weise kam ich zu den ersten Erfolgen — und wie es so geht: die Sache sprach sich weiter, und dann vertraute man mir auch kleinere Kinder an. Es war in der Zeit, da man sich in den breiteren Schichten des Volkes darüber hatte belehren lassen, daß Erscheinungen wie *Pavor nocturnus*, gesteigerte Reizbarkeit, Phobien, Bettnässen, übermäßiger Trotz, Lügen, Faulenzen, Stehlen und andere „Unarten" *krankhafte Erscheinungen* seien und anders als mit Strafen behandelt werden müßten.

Wie man kleine Kinder angehen sollte, wußte ich nicht recht. Man drängte mich jedoch, es zu versuchen, und bald fiel mir auf — es wäre wohl einem jeden aufgefallen —, daß die Kinder in ihren freigewählten und selbsterfundenen Spielen regelmäßig ihre Konflikte darstellten und bearbeiteten. Im Jahr 1923 erschien ein Auf-

---

[1] Leipzig, bei Klinkhardt
[2] ebenda, 1913
[3] Vgl. ferner Oskar Pfister, *Die Liebe des Kindes und ihre Fehlentwicklungen.* Bern, 1922

satz von Melanie Klein [1], der auf den gleichen Sachverhalt hinwies. Und im Jahr 1924, von der Bedeutung des Fundes nichts ahnend, referierte ich vor der Schweizerischen Gesellschaft für Psychoanalyse über einen Fall, wobei ein kleines Mädchen von der Hundephobie dauernd geheilt wurde, ohne daß ihm irgend etwas nach psychoanalytischer Methode durch „Deuten" bewußtgemacht worden war. Ich hielt die Geschichte damals für einen Erfolg der tiefenpsychologisch begründeten Erziehung und dachte nicht daran, daß sich daraus eine Therapie entwickeln könnte. Wenn mich jemand darüber befragt hätte, wieso denn die Heilung zustande gekommen sei — aus was für psychischen Motiven und aus was für inneren Umstellungen der Kräfte — und weshalb es (vor allem) unnötig gewesen war, dem Kinde etwas zu *deuten*, ich hätte keine Antwort darauf gewußt. Mir erschien die ganze Geschichte der Heilung der Hundephobie als ein Kuriosum. Ich hatte davon nur begriffen, daß das Kind im Phobie-Tier den „bösen" Anteil des Vaters erblickte und vermied — daß hinter der Figur des verschlingenden Hundes zuletzt aber die Mutter steckte —, daß sich die Heilung dadurch langsam anbahnte, indem das Mädchen veranlaßt wurde, für sein Phobie-Tier kleine Opfergaben zu leisten, diese den Hunden schließlich selber zu überreichen und sich so vor Feindschaft zu sichern mit einem Kaufpreis — und daß, zuallerletzt, die Kleine im Spiel die Identifikation mit ihrem Phobie-Tier vollzog. *Sie* war der böse Hund, der Vater und Mutter biß. Das Beißen war eine ersatzmäßige Andeutung des Auffressens. Die Identifizierung ging so weit, daß das Mädchen eine Zeitlang sein Essen nur noch auf dem Eßzimmerboden haben wollte — daß es sich mit dem Nachbarshund anfreundete und zu ihm ins Häuschen schlüpfte — und daß es vor Hunden, selbst vor solchen, die als bösartig verrufen waren, keine Angst mehr zeigte, eher kühn zu ihnen trat.

Wenn mir kleinere Kinder zur Behandlung gebracht wurden, ließ ich sie spielen, je nach Wetter und Umständen draußen im Garten und auf dem Spielplätzchen oder drinnen in der Stube.

---

[1] *Zur Frühanalyse*, in *Imago* Band IX, Wien, 1923

War es draußen, dann benutzten wir soweit als möglich *ganz primitives* Spielzeug. Vier Zweiglein, die wir unterm Kirschbaum zusammenlasen und zum Viereck zusammenfügten, waren das Haus, das sich später in Innenräume einteilen ließ. Längere und kürzere Kieselsteine oder auch Tann- und Fichtenzapfen wurden zu Personen umgewandelt, oder auch zu Tieren. Besonders gut eigneten sich dazu die Zapfen, man konnte leicht Beine hineinstecken. Oft schnitzte ich mit dem Taschenmesser die Tiere aus Astgabeln in der Art, wie es bei unsern Berglern üblich ist, oder die handelnden Menschen und Tiere wurden aus Roßkastanien, Eicheln oder aus Gemüse hergerichtet. Aus Runkelrüben lassen sich die scheußlichsten Köpfe schneiden; man kann sie aushöhlen und eine Kerze hineinstellen — und schon hat man ein fertiges „Gespenst" — das Gespenst wird vom Kind, das es *besitzt* und ganz oder teilweise hergestellt hat, pars pro toto als es, das Kind, selber aufgefaßt: Die Identifikation mit dem Phobie-Objekt ist hergestellt, das Phobie-Objekt für seinen Besitzer entwertet — das Ich narzißtisch aufgewertet, weil es imstande ist, das Phobie-Objekt zu manipulieren, zu beherrschen — das Ich schließlich erweitert, weil es durch die Identifizierung mit dem Phobie-Objekt bereichert worden ist; es ist erlaubt, den gespenstigen Rübenkopf in Stücke zu treten oder zu zerschmeißen, mit Messerstichen zu zerstören und hohnvoll zuzusehen, wie die „Brüder Kaninchen" die Reste auffressen. Die von der phobischen Angst herstammende sekundäre Aggression wagt sich zu entfalten, wird abreagiert, und langsam bahnt sich die Heilung an.

Aber ich habe eigentlich etwas anderes sagen wollen: daß, je primitiver ein Spielzeug ist, es desto dienlicher ist. *Das Spielzeug soll der schöpferischen Phantasie der Kinder so wenig wie möglich Grenzen setzen.* Es sollte fast nur rohes Material oder Werkstoff und Werkzeug sein, das der kindlichen Gestaltungskraft die weitesten Freiheiten und Möglichkeiten offenläßt. Wenn ich einem Kinde eine sehr hübsche, naturgetreu geschaffene Figur eines „Vaters" in die Hand gebe, wird es sich hüten, sie zu beschädigen. Es hat Angst, es hat Schuldgefühle. Es wird sie auch nicht kopfvoran ins Jaucheloch werfen oder in den Mist stecken; denn es ist, selbst wenn es *schlecht* erzogen wurde, doch schon *zu gut* erzogen, um solchen Schaden zu stiften — oder es stiftet ihn nur nach Überwindung großer Hemmungen. Allerhand Schuldgefühle werden wirksam. Ich erwähne nur ein sehr äußerliches davon: Das Kind weiß ganz genau, daß das Spielzeug etwas gekostet hat, einen „Wert" bedeutet; es erwartet, daß die Mutter, der Vater, das Kinderfräulein und wahrscheinlich auch der „Onkel", bei dem es in Behandlung steht, schimpfen würden, falls das Kind es unsorgfältig behandelte und an ihm seine ödipale Wut austobte.

Ganz anders ist es, wenn ich aus Kartoffeln, Rüben, Tannzapfen, Holzabfällen und derlei Material das Spielzeug herstelle oder — besser noch — in schöpferischer Arbeit vom kleinen Patienten selber herstellen lasse. Er kommt viel leichter dazu, daran seine Aggressionen auszutoben — aber auch, die Aggressionen zu kanalisieren und dem schöpferischen Schaffen dienstbar zu machen. — Ein Elfjähriger hatte mir die Gestalt des Teufels unter meinen Kasperlefiguren vollständig demoliert. Die Hörner hatte der Bub abgequetscht, die Augen mit dem Messer ausgestochen, die Wangen mit dem Hammer traktiert, das dunkle Gewand zerrissen, die Arme ausgerissen. Auf so klägliche Art hergerichtet, mußte der arme Teufel seine Rolle in den selbsterfundenen Stücken des Buben spielen, wurde immer neu verprügelt und geschunden; schließlich mußte der Teufelskopf als Puck beim Hockeyspiel dienen; eines Tages jedoch schlug mir der Bub vor, wir wollten einen neuen Teufel herstellen; wir machten also einen Brei aus Zeitungspapier, das wir in kleine Fetzen gerissen, gaben dem Wasser ein wenig Stärkekleister bei, nahmen nach einiger Zeit die weichen Papierballen heraus, formten sie zu Teufelsköpfen und stellten sie zum Trocknen auf. Anläßlich der nachfolgenden Sitzung überzogen wir die grauen Köpfe mit weißem Seidenpapier, das sich dann mit Temperafarben leicht bemalen ließ. — Und jetzt war auf einmal für den Buben das *Herstellen*, das *Gestalten* interessanter geworden als das Zerstören. Er schuf sich ein vollständiges Kasperlespiel, nahm es heim, lud andere

Kinder als Mitspieler und Zuschauer zu sich ein, schleppte es in die Schule und gab dort Vorstellungen. Und auf einmal hatte der Bub, der vorher ein völlig vereinsamtes Kind und ohne Freunde gewesen war, bissig und aggressiv gegenüber seinen Schulkameraden, den Zugang zu anderen gefunden.

Oft läßt es sich jedoch nicht machen, im Freien mit den Kindern zu spielen. Dies dürfte besonders in städtischen Verhältnissen manchmal unmöglich sein. Dann gilt es, ein *Spielzimmer* einzurichten. Im Schrank sollten alle möglichen Spiele, die Fülle verschiedenartigsten Spielzeuges vorhanden sein: Puppen, Stofftiere, Kasperlefiguren — Lehm und Plastilin zum Kneten, Holz zum Beschnitzen, Stoffreste, Nadel, Faden usw. zum Nähen und Schneidern, Scheren zum Ausschneiden, Bretter zum Nageln, Hammer, Beißzange, Bleistifte, Farbstifte, Wasserfarbmaterial und ein Werktisch, wenn es sich machen läßt, eine Hobelbank mit einer Werkzeugkiste.

Das Kind kann — je nachdem — selber auslesen, womit es spielen oder sich beschäftigen will, oder man macht ihm Vorschläge.

Es sei nun summarisch geschildert, wie bei einer *gewöhnlichen* Spielanalyse im Sinn Anna Freuds vorgegangen wird:

1. Da das Kind in der Regel kein *„Krankheitsbewußtsein"* hat, seine Unarten oder Abwegigkeiten nicht als solche empfindet, oft sogar direkte Lust daraus zieht, kommt es nur mit Mißtrauen in die Behandlung. Die erste Phase — nachdem zuvor ärztlich festgestellt worden ist, daß keine körperlichen Ursachen am abwegigen, gehemmten, krankhaften, gestörten, eventuell kriminellen Verhalten des kleinen Patienten schuld sind — muß darauf ausgehen, eine gute, eine *günstige, aktive Vertrauenssituation* herzustellen.

Kleinen Kindern kann man irgendeine Frucht schenken, um in die Rolle der „guten" Nährmutter versetzt und aus der Rolle des gestrengen und bedrohlichen Herrn Vaters oder des „bösen" Lehrers ausgeschaltet zu werden. Spiele und kleine Spaziergänge, bei ABC-Schützen kleine Hilfen beim Aufgabenmachen (Kontrollen, Beratungen in bezug auf den Arbeitsvorgang und dergleichen) helfen mit, das für die Weiterbehandlung nötige Gefühlsverhältnis aufzurichten, wobei sich der Therapeut — genau gleich wie im Falle, wenn er einen Erwachsenen behandelt — immer sofort seiner *Gegenübertragung* bewußt sein muß.

2. Alle Äußerungen des Kindes, solche des freien Gespräches, des Erzählens von Geschichten und Träumen und den Einfällen dazu, das Besprechen von Zeichnungen, Malereien, Knetereien, Ausschneidfiguren, Kasperlestücken usw. werden gesammelt, gesichtet, gruppiert und von Zeit zu Zeit dem kleinen Patienten mit einem Deutungsvorschlag vorgelegt; es wird dem Kinde auch gedeutet, wie und was es hat abreagieren wollen.

3. Der Therapeut sucht von allem Anfang an, darauf hat auch Aichhorn [1] immer hingewiesen, die *Verbindung mit den Eltern und dem Lehrer*. Unter Umständen ist nötig (besonders bei kleineren Kindern), daß sich der Therapeut am Schauplatz, wo das Kind gewöhnlich lebt, orientiert — in Anbetracht dessen, daß es oft die Erzieher sind, die ein Kind „schwierig" gemacht haben; nicht selten sind es Eheschwierigkeiten, die sofort latent werden, sobald es der von den Dämonen des Unbewußten gelenkten „Erziehung" des Elternpaares gelingt, eines ihrer Kinder „schwierig" zu machen. Die Ehe, die zu zerbröckeln drohte, hat nun eine neue Aufgabe, einen frischen Kitt erhalten: die Obsorge für das „schwierige" Kind, die Maßnahmen gegen das „schwarze Schaf".

Damit will nicht behauptet werden, die Eltern seien regelmäßig für die neurotischen Erscheinungen an ihren Kindern verantwortlich zu machen — oder es seien regelmäßig Eheschwierigkeiten im Hintergrund, wenn sich bei einem Kinde der betreffenden Familien psychogene Störungen zeigen.

Jedoch, wo Ursachen vorhanden sind, die vom Elternhause herkommen, kann der Therapeut mit indirekten oder direkten Ratschlägen die Milieusituation zu bessern suchen — er wird unter Umständen eine frigide Mutter oder einen allzustark dem eigenen Geschlecht zugeneigten Vater in Behandlung schicken.

Eine Kinderpsychotherapie, die — unter Voraussetzung jeglicher

---

[1] August Aichhorn, *Verwahrloste Jugend*. Wien, 1925

Vorsicht — darauf ausgeht, dem Kinde unbewußte Vorgänge mit dem Mittel der Deutung bewußt zu machen, schien mir lange Zeit das einzig Richtige und gewissenhaft zu Verantwortende. Sie stimmte übrigens mit den Richtlinien überein, die Anna Freud im Jahre 1927 unter dem Titel *Einführung in die Technik der Kinderanalyse* publizierte.

Der Umgang mit Kindern, insbesondere mit Kleinkindern, ließ mich immer deutlicher erkennen, was für ein bedeutsamer Unterschied besteht zwischen der „Welt-Anschauung", der Art des Denkens der Kleinen und der unseren. Wohl hatte ich aus Büchern gewußt, das Kinderspiel sei für die Kinder „ernst". Aber ich hatte gefühlsmäßig nicht erfaßt, *was* dies bedeutet und das Spiel eigentlich immer als „Spiel" aufgefaßt. Der „Ernst" besteht jedoch nicht darin, daß das Kind mit ganzer Hingabe im Spiel lebt, sondern daß das Spiel eben kein „Spiel", vielmehr „Wirklichkeit" auf einer andern Ebene des Denkens und Auffassens ist. Ich gewann die Überzeugung, daß (im „Spiele") der lange Stein, der, nach meiner Ansicht, den Vater *bedeutete*, der Vater *war* — für das Kind nämlich; und daß das Kaninchen, das Kätzchen, das Hündchen für das Kind wirklich „Brüderchen" oder „Schwesterchen" *waren* — also viel mehr als nur bewußte Fiktionen von Geschwistern, als Geschwister-*ersatz*, der als „*Ersatz*" dem Kinde bewußt war. Ich erlebte, daß das Kleinkind, das zu einem Holzscheite, dem es ein paar Tuchfetzen umgelegt hatte, sprach, *wirklich* glaubte, ein Kindlein im Arm zu halten — nicht nur eine Puppe. Das spielende Kind fälscht die Realität im Sinne seiner Wunsch- und Triebwelt um und hält die Illusion für Wirklichkeit.

Und immer von neuem fiel mir auf, daß Kinder ab und zu von ihren Schwierigkeiten oder Störungen durch das Spielen geheilt wurden, *ehe ich ihnen etwas gedeutet hatte.*

Darüber publizierte ich erstmals einige Gedanken in einem Aufsatze *Das produktive Kinderspiel in der psychotherapeutischen Praxis* im Jahre 1935 [1]. Ich tat es mit ein wenig schlechtem Gewissen

[1] im Weidmann-Verlag, Wien

und wollte mehr die Tatsache feststellen, als eine *„reine Spieltherapie"*, also eine solche ohne Deuten unbewußter Inhalte propagieren. Mit der Angabe dieser Daten sei angedeutet, daß die Sache, die ich „reine Spiel-Therapie" nennen möchte, wohl „erdauert" worden ist.

Ein schlechtes Gewissen hatte ich einst, weil ich mir die Heilungen theoretisch nicht erklären konnte. Ich hielt sie für sogenannte *„Übertragungsheilungen"*, wie man sie oft auch bei erwachsenen Patienten beobachten kann. Man weiß davon, daß sie nicht andauern.

Den Eltern, die zu mir kamen und mich zur Rede stellten, weshalb ich eine Behandlung nicht abbrechen wolle, nachdem ihr Kind symptomfrei geworden sei, suchte ich zu erklären, die Heilung bedeute nur eine Scheinheilung, man müßte, unterbräche man die Behandlung, Rückfälle gewärtigen. Denn *ich hielt das Deuten für den Kernpunkt der Behandlung*, betrachtete eine kinderpsychotherapeutische Arbeit, die auf das Deuten verzichtete, als unvollständig und unverantwortlich.

Es gab jedoch recht oft Eltern, die von sich aus die Behandlung unterbrachen, nachdem sich bei den Kindern keine Störungen mehr zeigten.

Meine Prophetie, es würden sich in Bälde Rückfälle oder neue andere Symptome zeigen, bestätigte sich nicht: *die Heilungen dauerten an.*

Ich hörte dann, daß man anderswo ähnliche Erfahrungen gemacht hatte. Man erzählte mir von gleichen Erfolgen, die sich bei reinen Spiel-Behandlungen an den von Repond inaugurierten *„Services médico-pédagogiques"* gezeigt hatten, und eine Berliner Ärztin, G. von Staabs, veröffentlichte 1942 und 1950 Arbeiten über ein von ihr erfundenes psychodiagnostisches und psychotherapeutisches Verfahren, das sie *„Sceno-Test"* benannte. Die Autorin berichtet über Heilungen, die ebenfalls ohne Deuten unbewußter Inhalte zustande kamen.

Da auch anderwärts die Kinderpsychotherapeuten darauf gestoßen sind, daß man ohne das Deuten und Bewußtmachen Heilerfolge bewirken kann mit Spielen, scheint es um so mehr gerechtfertigt, darauf hinzuweisen und diese Art der Behandlung tiefenpsychologisch zu erklären.

Es liegt mir jedoch die Absicht fern, einseitig für die „reine Spieltechnik" zu plädieren. Der Kinderpsychotherapeut muß sich den jeweiligen Umständen anpassen, er kann nicht nach einem vorgefaßten Plane oder Schema verfahren. Gerade bei der Kinderpsychotherapie zeigt sich wie nirgendwo die Notwendigkeit, „erfinderisch" zu sein, ganz besonders am Anfang der Behandlung, wenn der kleine Patient noch mißtrauisch ist und mit der Sprache nicht hervorrücken will.

Wir wollen also nicht daran zweifeln, daß es manchmal nötig sei, Deutungen zu geben, etwa um „tote" Punkte zu überwinden, die Behandlung zu aktivieren, vorwärtszutreiben, oder auch ausschließlich zum Zwecke, das Kind zu veranlassen, sich mit sich selber zu konfrontieren.

Umgekehrt wollen wir *mit Deutungen lange zurückhalten*, die Deutungstechnik wirklich nur dann benutzen, wenn dies unumgänglich ist, und *im Prinzip* wollen wir einem Kinde nichts deuten. Es handelt sich darum, daß das Kind etwas *erlebe*, und nicht in erster Linie darum, daß es etwas *wissen* lerne. Deshalb erscheint das Deuten fragwürdig.

Es kann nämlich eine gewisse Gefahr in sich schließen: man sah analysierte Kinder, die *„alles" wußten*. Kluge Kinder, die sich mit einem so unterhielten, als wären sie kleine Psychologen — alle Termini waren ihnen bekannt, und sie verwendeten sie in richtiger Weise. *Nur waren sie nicht geheilt worden.* Offenbar hatte sich ihre Behandlung allzusehr nur auf der *intellektuellen* Ebene abgespielt und war deshalb therapeutisch unwirksam geblieben. Die tieferen Schichten des Seelischen waren nicht erfaßt worden. Ihr Kinderpsychotherapeut hatte nicht gemerkt, daß *der Intellekt als Waffe des Widerstandes* benutzt worden war.

Derlei Erscheinungen sind uns ja auch aus der Behandlung Erwachsener wohlbekannt. So ist es gewöhnlich außerordentlich schwierig, einen Patienten zu heilen, der sich einer bestimmten *Philosophie* verschrieben hat. Er sucht dann den Therapeuten immer wieder auf ein Nebengeleise zu führen und mit ihm philosophische Diskussionen anzustellen, statt richtig zu assoziieren. Und (angeblich) stark *religiöse* Patienten benutzen meist ihre Religiosität als Refugium für den Widerstand; die Religion ist für sie sakrosankt, darf nicht angetastet werden; es wird als Gotteslästerung betrachtet, sie mit Psychologie zu zersetzen; daß diese Psychologie dazu dienen könnte, zur *eigentlichen* Religiosität zu führen, wird nicht eingesehen. — Dies nebenbei. Ich bin der Überzeugung, wir dürften uns bei der psychotherapeutischen Arbeit durch nichts in einer sauberen psychologischen Technik stören lassen.

Die Erfahrung, daß es Kinder gebe, die sofort auf das Deuten reagieren, indem sie von sich aus alles gleich deuten, kann uns dem von Melanie Klein propagierten Verfahren gegenüber mißtrauisch machen. Indessen wollen wir auch nicht daran zweifeln, daß die zitierte Autorin und ihre zahlreichen Anhänger einleuchtende Erfolge buchen können.

Wir wollen, was andere gefunden haben, nicht abstreiten, es vielmehr für uns kritisch betrachten, es mit unseren Erfahrungen vergleichen und wenn immer möglich etwas hinzulernen, das uns in unserer Praxis helfen könnte und das uns selber bereichert.

Denn noch viel mehr als bei der Erwachsenen-Psychotherapie kommt es bei der Kinderpsychotherapie so sehr auf die *Persönlichkeit* des Therapeuten an, weil sich an dem, *was er durch sein bloßes Sein emaniert*, das noch unvollkommene Ich des kleinen Patienten ausbildet. Es ist das mit dem Erzieher oder dem Therapeuten verbundene und ihm wesenhaft *Unfaßbare*, das wirkt — *die Aura seiner Seins-Dichte*, in die das Kind tritt und die es berührt.

Deshalb hat der Kinderpsychotherapeut unablässig an der Vervollkommnung seines eigenen Selbst, seiner Persönlichkeit zu arbeiten.

Die Ausweitung seiner Persönlichkeit ist letzten Endes der Hauptgrund, weshalb wir von einem künftigen Kinderpsychotherapeuten die eigene *Lehranalyse* fordern. Sie soll ihm nicht allein nur praktische tiefenpsychologische *Kenntnisse* vermitteln, sondern auch (und vor allem) ihn befähigen, seine Persönlichkeit auszugestalten, zu integrieren. Diesem Zwecke dient ja auch die psychoanalytische Regel, immerfort die *Gegenübertragung* zu analysieren.

Ob wir Kinderpsychotherapeuten sind oder Kindererzieher: wir müssen uns bewußt sein, daß das Beste, was wir der Jugend vermitteln können, dem ähnlich ist, was ein starker Magnet einem gewöhnlichen Stahlstück vermittelt — es wird zum Magneten, obwohl dabei der Muttermagnet nichts von seiner Kraft verliert.

Diese Einsicht will nicht leugnen, daß wir all die *Kenntnisse* auch nötig haben, die der Beruf bedingt; das eine ergänzt und befruchtet das andere. Damit ist gesagt, daß wir nie genug *wissen* — aber auch, daß dieses Wissen viel mehr sein muß als nur etwas Intellektuelles. Es muß „in Mark und Bein" übergegangen sein und „*Weisheit*" werden können.

Kinderpsychotherapie ohne Deuten unbewußter Inhalte — die „reine Spieltherapie" und ihre theoretisch-psychologische Begründung — Beispiel vom „Talismann"

————

Es liegt mir nun noch ob, die „reine Spieltherapie" ein Stück weit genauer zu verdeutlichen, sie mit dem typisch infantilen Denken in Beziehung zu setzen und damit ihre Heilwirkung theoretisch-psychologisch zu begründen.

Der Akzent ist auf das *Nichtdeuten unbewußter Vorgänge* gesetzt, und nicht eigentlich auf das Spielen, obwohl diesem als Arbeitsmethode die Hauptrolle zukommt. Daß wir eine Menge verschiedenartigen Spielzeugs nötig haben, führte ich bereits an. Nebenbei sei erwähnt, daß wir unter Umständen auch die praktische Arbeit als Heilfaktor zunutze ziehen. Und daß wir unter Umständen *kein Spielzeug* brauchen, wurde aus der Behandlung des Mädchens mit der Hundephobie ersichtlich, worauf ich kurz zurückkommen möchte: die Phobie wurde im „Spiel" der Erwachsenen mit dem Kinde dramatisiert, dramatisch verarbeitet. Die Eltern übernahmen die Rolle des Phobie-Tiers, bellten, knurrten, bissen — halb als Aggressoren, halb als Beschützer des Kindes, das durch Speise-Opfer (pars pro toto) die „Hunde" besänftigte. Besitz, „Be-sitz" heißt = Teil des Analen, bedeutet für das Kind „es selbst". Opfer des Besitzes ist, pars pro toto, Selbstopferung zum Zwecke der Aufrechterhaltung der eigenen Existenz. Während einer zweiten Spielphase gab das Kind die Opfergaben dem Vater, damit dieser sie dem Nachbarhunde bringe, wobei es zusah, feststellen konnte, daß sich dabei der Hund freundschaftlich verhielt. Dann wagte das Mädchen schließlich, dem Hunde die Gaben selber zu reichen und sich so des Tieres Freundschaft zu erkaufen. Der Hund wurde zum Spielkameraden, und nun folgte eine weitere Phase des Spieles: die Kleine identifizierte sich mit dem Phobie-Tier, sie spielte den Eltern gegenüber den „Hund", knurrte, bellte, biß. Jetzt war sie so weit, daß sie einen eigenen Hund zu besitzen wünschte. Man schaffte ihr einen an. Da er seine kleine Herrin auf Schritt und Tritt begleitete und als Beschützer aufgefaßt wurde, konnte das Mädchen auch seine Nebenphobien allmählich überwinden: die Angst vor dem Abort, „wo ein Hund oder ein Teufel durchs Loch herauf kommen und mich beißen oder fressen könnte" — vor Estrich und Keller, vor Dunkelheit, „wo aus dem Schwarzen ein böses Gesicht mit schrecklichem Gebiß auftauchen könnte". Das Kind gewöhnte sich dermaßen an diese Räume oder Umstände, daß es schließlich angstlos wurde, auch wenn sein Hund gerade nicht zugegen war.

Wir sehen: auf dem Wege der Identifikation mit dem Totem- und Phobie-Tier weitet das Mädchen sein Ich aus, indem der Ödipuskomplex agierend abgewandelt wird, zerfällt; auf dem Wege der oralen Identifikation [1] werden die Autoritätspersonen introjiziert [2]; entsprechend vermindert sich die Angst, kräftigt sich das Ich und gelingt die normale Anpassung an die Realität.

Wenn man Sachverhalte mit Kindern als Mitspielern dramatisiert, muß man dabei einen Rutenschlag, Stoß, Klaps, Fußtritt vom Patienten riskieren. Wird die Aggression zu stark, kann man das Kind fest beim Ärmchen fassen, um ihm „die Grenze" anzudeuten — und es versteht ohne Worte, was man ihm handelnd mitgeteilt hat. Erteilt es einem arge Fußtritte ans Schienbein, kann man es am Fuße fassen, so daß es aufs Gesäß fällt und auch so merkt, es seien gewisse „Grenzen" gesetzt. Diese zu erkennen, hat es zur Ausbildung seines Ichs auch nötig. — Aber etwas aushalten, das sollte man als Kinderpsychotherapeut schon können und das Abwehren wirklich nur für den Notfall sparen. Durch passives Erleiden kann man oft die

---

[1] seelische Gleichsetzung auf dem Wege des Essens. „Der Mensch ist, was er ißt!"

[2] zum eigenen inneren, seelischen Besitz gemacht — in sich aufgenommen.

gröbste Aggression brechen. Andernteils sucht das Kind, seine eigenen wie auch die Grenzen der Außenwelt zu erkennen.

Ein Sechsjähriger mit Eß-Schwierigkeiten zeigt mir, als ich zum erstenmal bei ihm bin, seine große elektrische Eisenbahn. Er befiehlt mir, auf den Teppich zu liegen. Dann fährt er mir mit der Lokomotive über den Hals.

„Der Kopf ist ab!" erklärt er. „Du bist tot!"

Ich schließe die Augen. Er betrachtet mich, geht mißtrauisch um mich herum, erteilt mir vom Rücken her einen Tritt. Ich muckse nicht. Wieder prüft er mich voller Mißtrauen. Dann versetzt er mir gleich ein paar Fußtritte und reißt mich an den Haaren. Ich verhalte mich stille.

„Tut's dir denn nicht weh?" schreit er mich an und tritt mich neuerdings.

Ich schweige.

Fast weint er: „Sag! Tut's dir nicht weh?"

„Wie kann ich dir antworten?" fragte ich. „Ich bin tot, der Kopf ist ja abgefahren!"

Sofort ergreift er die Lokomotive und fährt damit in entgegengesetzter Richtung über meinen Hals. „So — jetzt ist der Kopf wieder am Leib!" versichert der Bub.

„Natürlich hast du mir weh getan!" gebe ich nun Bescheid.

Er guckt mich betroffen an, dann drückt er mir die Lokomotive in die Hand. „So!" läßt er sich vernehmen. „Du bist jetzt mein Lokiführer, und ich stelle die Weichen!"

Und die Freundschaft war geschlossen. Wir „verstanden" uns, ich war „akzeptiert" — und wer weiß, ob das dermaßen rasch geschehen wäre, falls ich die Stöße abgewehrt hätte.

Dies sei nur ein kleiner Hinweis.

Meiner Erfahrung gemäß kann die Spieltherapie bei Kindern bis zum Alter von zehn bis zwölf Jahren angewendet werden. Bei älteren kann man schon die Assoziationstherapie verwenden — man muß die Patienten allmählich daran gewöhnen; man muß sie — vielleicht nur zehn Minuten während einer „Sitzung" — lehren, entspannt auf der Chaiselongue zu liegen und die freien Einfälle preiszugeben; zuerst sitzt man ihnen gegenüber und verlängert allmählich die Zeit; später kann man sich hinter das Kind setzen.

Auf jeden Fall darf sich das Kind — auch das ältere — nicht langweilen; sonst wird es sich weigern, wiederzukommen. Meist fühlt es die Selbstverantwortung, die sich selbst auferlegte „Pflicht" nicht, in die Stunde zu kommen. Wird die Unlust daran zu groß, dann streikt es. Mit zwölf und mehr Jahre alten Unerwachsenen empfiehlt es sich, einen Teil der Zeit für Spaziergänge zu benutzen oder zu Basteleien, zum Aufgabenmachen usw.: zu etwas, das ihnen Lust bereitet und sie dafür entschädigt, daß sie nachher eine Weile ruhigliegen und assoziieren müssen.

Bei den jüngeren Patienten haben die Spiele den Zweck:

1. den pathogenen Konflikt aufzudecken;

2. ihn psychotherapeutisch zu bearbeiten; der Konflikt wird dramatisch, agierend abgewandelt und gelöst;

3. dem Kinde wird die Möglichkeit gegeben, an Hand der Spiele zu kultivierteren Triebbefriedigungen zu gelangen, indem man ihm in wohldosierter Folge feinere Spiele oder Spiel-Praktiken vorlegt. Auf gleiche Art können Triebumsetzungen in die Wege geleitet, Triebdomestizierungen in Bewegung gesetzt, Sublimierungen angebahnt werden;

4. geben die Spiele Anhaltspunkte darüber, was am Milieu des Kindes verändert werden muß; manch ein Kind äußert nur darum neurotische Zeichen, weil es „milieukrank" *gemacht* worden ist.

Wenn ein Kind zur Behandlung kommt, sollte, wie bereits früher angedeutet, eine ärztliche Untersuchung festgestellt haben, daß der Kinderfehler, die Störung, Hemmung usw. nicht auf physischen Ursachen beruht, sondern psychischen Ursprungs ist.

Ist diese Voraussetzung erfüllt, gilt es für den Psychotherapeuten oder Erziehungshelfer, sich zu allererst über die häuslichen Verhältnisse und über die psychische Struktur des Kindes zu orientieren. Anamnestische Erhebungen und solche über das Milieu müssen gepflogen werden; zu dem Zwecke kann man die Eltern befragen, im

Elternhaus an Hand eines Besuches einen Augenschein nehmen, Erkundigungen bei dem Lehrer des Kindes einziehen. Zur Untersuchung des Kindes haben sich etliche *Tests* bewährt. Um mit solchen einigermaßen sicherzugehen, empfiehlt es sich, *mehr als einen einzigen* durchzuführen. Ich mache gewöhnlich zuerst den Wartegg-Test [1] mit den Farbstiften, dann den Baum-Test [2], hierauf den Z-Test [3], Rorschach-Test [4] und Behn-Test [5], manchmal auch den Düss-Test [6] und das Assoziationsexperiment nach C. G. Jung. Damit erhält man ein ziemlich abgerundetes Bild. Die Vielfalt der Tests, die sich gegenseitig kontrollieren und ergänzen, verhindert Einseitigkeiten und grobe Fehler in der Beurteilung. Erst nachher kann ich, der ich nicht Mediziner bin, mich entscheiden, ob ich selber die Behandlung übernehmen darf, oder ob ich die Eltern an einen Psychiater weisen muß. Das ist dann der Fall, wenn sich aus den Tests der Verdacht ergibt, die Ursache der Störung beruhe auf psychopathologischen Veränderungen.

Beispiel: Eine Zehnjährige wird zur Untersuchung gebracht, weil sie in der Schule häufig „abwesend" sei, „schlafe", statt aufzupassen, und angeblich nicht leiste, was sie zu leisten vermöchte, worüber sich Lehrer und Eltern einig sind. Beide Parteien tippen auf Faulheit und Konzentrationsunfähigkeit, und auch der Hausarzt ist dieser Ansicht. Die Tests, insbesondere die Formdeut-Tests, sehen nun ziemlich deutlich so aus wie solche von Epileptikern. Deshalb muß den Eltern geraten werden, ihr Kind von einem entsprechenden Spezialisten untersuchen zu lassen. Es stellt sich dann wirklich heraus, es liege eine epileptische Erkrankung vor: wohl zeigten sich nicht die „klassischen" Anfälle, sondern nur gehäufte kurzdauernde Bewußtseinsstörungen ohne Hinfallen, Sekretausscheidung, Schäumen vor

---

[1] E. Wartegg, *Gestaltung und Charakter*. Beiheft Nr. 84 der *Zeitschrift für angewandte Psychologie und Charakterkunde*. Leipzig, 1939
[2] Karl Koch, *Der Baum-Test*. Bern, 1949
[3] Hans Zulliger, *Der Z-Test*. Bern, 1948
[4] Hermann Rorschach, *Psychodiagnostik*. 5. Aufl. Bern, 1948
[5] Hans Zulliger, *Der Behn-Rorschach-Test*. 3. Aufl. Bern, 1951
[6] Siehe Anhang S. 131

dem Mund u. dgl. Da in der Familie und Verwandtschaft keine Epilepsiefälle vorgekommen und da der Hausarzt mehr nur nach den Berichten der Eltern geurteilt hat, dachte er nicht an Epilepsie. Der Spezialist jedoch stellt sie unzweifelhaft fest, und es ist an ihm, die Behandlung zu übernehmen, nicht an einem Laien-Psychotherapeuten oder Erziehungshelfer.

Man sieht, warum sich gerade der Nichtarzt der Hilfe der Tests bedienen muß. Die Tests bewahren ihn davor, etwas zu unternehmen, was ihm nicht zukommt.

Oft decken sie bereits den Hauptkonflikt auf. Bei Kindern, die gerne zeichnen — die meisten tun dies —, ist oft auch eine freie Zeichnung aufschlußreich. Man fordert das Kind, das den Wartegg- und Baum-Test durchgeführt hat, auf, eine „Geschichte in vier oder sechs Bildern" zu zeichnen, eine frei erfundene Geschichte. Diese läßt man sich dann vom Kinde kommentieren.

Beispiel: Eine Fünfzehneinhalbjährige zeichnet. Auf Bild 1 ein Schwalbennest, worin zwei Junge sitzen. Auf Bild 2 ein einzelnes Junges, das sich an einer Mauer festhält. Auf Bild 3 ein Vögelchen, das verlassen auf einem Aste sitzt, während eine Katze heranschleicht. Auf Bild 4 ein Vögelchen, das tot auf der Straße liegt. Der Kommentar: „Dies ist die Geschichte einer kleinen Schwalbe, die noch nicht fliegen konnte und sich totfallen ließ, als eine Katze sie fressen wollte." Wie wir vermuten, ist die Halbwüchsige selber das Vöglein, und ihr Hauptkonflikt ist ein *„Complex d'Abandon"*. Sie wurde auf Anraten des Arztes zu mir zur Untersuchung geschickt, weil sie, von den Eltern, deutschsprachigen Bernern, ins Waadtland gegeben, wegen unbegründeter Weinkrämpfe und unerträglicher Kopfschmerzen zurückgeschickt werden mußte. Ihre Symptome erwiesen sich als hysterische. Das Mädchen konnte sich von den Eltern und dem Bruder nicht trennen, obwohl es selber den Welschlandaufenthalt gewünscht hatte. Die freie Zeichnung machte (ebenso wie die Tests) den psychischen Konflikt offenbar[1].

Wir suchen uns also zuallererst psychodiagnostisch zu orientieren,

---

[1] s. auch Hans Zulliger, *Schwierige Kinder*, S. 97, Bern, 1951.

und oft erhalten wir dabei schon gewisse Fingerzeige darüber, welche Art von Spielen wir benutzen müssen.

Zwischenbemerkung: Mit einer Fünfzehneinhalbjährigen gehen wir selbstverständlich nicht mit Spielen vor, selbst wenn sie noch so infantil gebunden ist wie die oben erwähnte. Ich führte ihr Beispiel nur deshalb auf, um zu zeigen, daß selbst älter gewordene Kinder ihren Hauptkonflikt oft schlaglichtartig mit dem Mittel frei gezeichneter Bildgeschichten an den Tag legen.

Wenn es sich ergibt, ein Kind sei darum aggressiv, weil es Geschwistern oder einem Elternteil gegenüber eifersüchtig ist, wählen wir (wenn es dies nicht selber tut) Schieß-Spiele und ähnliche. Steht der Analsadismus im Vordergrund, wird mit *Lehm* modelliert — nicht mit dem „sauberen" Plastilin! —, werden Lehmklumpen geformt und nachher mit Faustschlägen zerquetscht nach Herzenslust; sind die Lehmspiele dann uninteressant geworden (weil sich die gröbsten Affekte haben austoben können), kann das Plastilin an die Reihe kommen, werden Kleisterpapiere fabriziert, wir lassen mit Wasserfarben sudeln, mit Scheren Papierpuppen schneiden, mit Kasperlefiguren spielen. Zugleich raten wir den Eltern, das Kind möge mit dem Versprechen auf Belohnungen zu „sadistischen" Arbeiten gebeten werden: im Verein mit dem Vater, der dem Sohne eine eigene Axt schenkt, wird Holz zerkleinert, dann gebastelt mit Hobel, Hammer und Beißzange usw., Gartenbeete umgestochen. Wir schreiten von gröberen, primitiveren Spielen und Arbeiten allmählich zu feineren, sozialeren, die womöglich *im Verband* mit den Eltern und Geschwistern getätigt werden, um so eine *Versöhnung* herbeizuführen, die Gemeinschaftsgefühle zu fördern, die soziale Einordnung anzubahnen.

Ist die Aggression unterbunden, was sich besonders oft bei „Faulen" oder bei Lernstörungen zeigt, gilt es, sie allmählich hervorzulocken. Solche Kinder ängstigen sich meist davor, die Kasperlefiguren zu benutzen; sie sind ihnen schon zu „konflikt-nahe"; dagegen macht es ihnen gewöhnlich nichts aus, ein Gemüsetheater herzustellen, mit dem Herrn Kartoffel, dem Fräulein Lauch, dem Prinzen Karott, der Prinzessin Zwiebel zu spielen und ihre Konflikte vorerst an diesen darzustellen, zu bearbeiten und kathartisch abzureagieren; hierauf stellen wir gemeinsam Kasperlefiguren aus Holz oder aus Papiermaché her, und in der Regel können dann mit diesen selbsterschaffenen Personen Aggressionsspiele getrieben werden, wobei man beobachtet, daß — gleichzeitig — etwa eine *Lernstörung* entsprechend abnimmt.

Ich weiß nicht, ob mir gelungen ist, ein ungefähres Bild davon zu vermitteln, *wie* gearbeitet wird und wie die Spiele allmählich so abgeändert und geleitet werden, *daß sich dem kleinen Patienten Sublimierungsmöglichkeiten eröffnen.* Eines sei nochmals betont: es kommt sehr darauf an, daß der Therapeut *erfinderisch* sei, gute Einfälle habe, immer wisse, *was* er tut und *warum* er es tut, und daß er, gestützt auf seine tiefenpsychologische Einsicht, seine Maßnahmen richtig dosiere.

Vielleicht wird das Bild einer Behandlung ohne Deuten unbewußter Vorgänge durchsichtiger, wenn ich einen Fall darstelle.

Eine Frau, nennen wir sie Frau Müller, bringt ihr zehnjähriges Töchterchen Luise zur Untersuchung, weil es beständig heimlich nascht.

Mutter und Kind sehen sich gar nicht ähnlich.

Frau Müller ist hochgewachsen, mager, eckig und knochig. Sie sieht ein wenig streng, kühl, ernst aus und erweckt den Eindruck, sie sei wohl rechtlich gesinnt, aber es fehle ihr ein bißchen an Wärme und gütigem Humor. Ihr Gesicht ist von blasser Farbe, die Augen liegen in tiefen, dunklen Höhlen, die kastanienbraunen Haare sind mitten auf dem Kopf gescheitelt und in einen festen, dicken Zopf geflochten, kein Strähnchen darf widerspenstig vor den Ohren herunterhängen.

Luise dagegen sieht rundlich aus, rotwangig und frisch, und obwohl der blonde Schopf straff nach hinten gekämmt ist, sind die wilden Löckchen nicht alle gebändigt. Die Kleine ist nicht übermäßig hoch gewachsen für ihr Alter. Die Augen blicken ein wenig verschüchtert und vorsichtig in die Welt, besorgt und vielleicht auch mißtrauisch;

aber trotzdem erweckt das Mädchen den Eindruck eines im Grunde frohmütigen Kindes.

Während es in einem besonderen Zimmer mit Farbstiften zeichnet, gibt die Mutter ihre Klagen kund. Sie hat „alles versucht", dem Töchterchen das Naschen abzugewöhnen, zuerst freundschaftlichen Zuspruch und Versprechungen zum Lohn bei gutem Verhalten, und dann, als diese nicht fruchten wollten, erteilte man dem Mädchen immer härtere Strafen. Aber die Strenge hatte ebensowenig Erfolg wie das milde Zureden.

Frau Müller ist von ihrem Manne seit drei Jahren geschieden. Er ist reisender Kaufmann, der oft Tage, ab und zu sogar wochenlang nicht nach Hause kam, weil ihn seine Geschäftsreisen bis ins Ausland führten. Mit der Ehe, erklärt Frau Müller, sei es schon nach den Flitterwochen nicht gerade gut gegangen. Bereits im ersten Ehemonat wurde die Frau guter Hoffnung, ihrer Auffassung nach allzufrüh. Zugleich erlosch ihr Zärtlichkeitsbedürfnis, das ohnehin vom Anfang an geringer war als das des Gatten.

„Ich faßte die Ehe als eine Aufgabe auf!" äußert sich die Frau. „Nicht als ein Vergnügen. Ich führe in meinem Hause einen kleinen Spezereiladen. Mit der Haushalthilfe konnte ich mich über die alltäglichen Sorgen nicht aussprechen. War mein Mann zu Hause, hätte ich dies gern mit ihm getan. Er hatte jedoch für ernsthafte Gespräche wenig übrig — wogegen mir seine kindischen Schäkereien nichts sagten. Es gab recht oft Auseinandersetzungen deswegen, woran gewiß auch ich schuld war, ich will es nicht leugnen. Mein Mann war jedesmal enttäuscht, wenn ich auf seine Wünsche nicht einging. Dann kam das Kind — und wäre es nicht erschienen, würden wir uns wohl schon früher getrennt haben. Ich war es, welche die Scheidung beantragte, weil ich entdeckte, daß mein Mann Beziehungen zu einem jungen Mädchen angeknüpft hatte. Er bestritt sie nicht, aber er gab mir die Schuld daran. Item, wir haben uns dann nach sechsjähriger Ehe scheiden lassen — ich muß sauberen Tisch haben!"

Es wäre ein Wunder, wenn ein Kind unter solchen Milieuumständen wohl gediehe. Es muß die Spannungen zwischen den Eltern merken, auch wenn man sie nach Möglichkeit verheimlicht. Die „Atmosphäre" ist gestört — und irgendwie sucht auch das Kind nach Abwehrmaßnahmen. Diese können neurotischer oder charakterlicher Art oder beides zusammen sein.

Wir fragen uns: Wurde Luischen nicht vielleicht darum verschüchtert und mißtrauisch, weil auch ihm, des Elternkonfliktes wegen, der Boden unter den Füßen wackelte? Dem äußeren Habitus gemäß müßte es doch eher ein aufgeschlossenes, frohmütiges Kind sein. War die Naschsucht möglicherweise eine Reaktion auf das Ehezerwürfnis und die in ihrem Wesen kalt-strenge, wahrscheinlich frigide Mutter?

Frau Müller berichtet weiter: „Mein ehemaliger Gatte hatte an Luischen einen Narren gefressen. Er hat es verzogen, verzärtelt, verweichlicht und übermäßig beschenkt. Nie kam er heim, ohne etwas für Luischen gekramt zu haben, ein Spielzeug, eine Tafel Schokolade, andere Süßigkeiten, irgend etwas für die Hoffart. Ja, er ist es, der es ans Schlecken gewöhnt hat, und *ihn* sollte man, nicht das Mädchen, für die Naschsucht bestrafen. Luise schlägt überhaupt *ihm* nach, und nicht nur körperlich!"

Wahrscheinlich hat Herr Müller, ohne es zu beabsichtigen und sich dessen bewußt zu sein, sein Zärtlichkeitsbedürfnis allmählich auf sein Töchterchen verschoben. Und wahrscheinlich, wiederum unbewußt, bekämpft Frau Müller an Luise ihren Mann weiter.

„Was sagt denn Luischen zu seinen Näschereien?"

Frau Müller lacht gezwungen. „Es behauptet, nicht naschen zu *wollen; es müsse* naschen. So etwas Unsinniges, nicht wahr! Man „muß" doch gewiß nichts tun, was man nicht tun *will!* Aber um solche Ausflüchte ist die Kleine nie verlegen. Übrigens ist merkwürdig und verdächtig, daß Luischen nicht nascht, wenn es mit seinem Vater drei Wochen lang in die Frühjahrsferien gehen kann. — Das Gericht hat leider diese Regelung angeordnet!"

„Luischen nascht dann wohl nicht, weil es dies nicht nötig hat — ich meine *innerlich,* seelisch nicht nötig hat. — Mich interessiert: Erinnern Sie sich des Zeitpunktes, da das Naschen ausgebrochen ist?"

„Da muß ich mich erst besinnen — ja, etwa anderthalb oder zwei Jahre sind es her. So ganz genau kann ich es nicht sagen. Ich achtete zuerst nicht darauf — es ist mir erst nach und nach aufgefallen!"

„Ist vor anderthalb oder zwei Jahren in Ihrem Hause etwas Besonderes passiert?"

„Nicht daß ich wüßte! Weshalb fragen Sie?"

„Es macht den Anschein, daß die Naschsucht nicht mit der Trennung der Eltern zusammenhänge — sonst wäre sie wohl schon vor drei Jahren ausgebrochen."

Die Kleine hat keine besonderen Krankheiten durchgemacht, wurde auch nie operiert und ist nicht irgendwie erblich belastet. Der Hausarzt hält sie für gesund.

Nachdem das Gespräch mit Frau Müller erschöpft ist, wird Luise unter vier Augen vorgenommen. Der Wartegg-Test zeigt ziemlich schematische Zeichnungen, der Obstbaum im Baum-Test ist nach dem Muster der Baumzeichnungen hingemalt, wie man es bei der Lehrerin lernt. Ergiebiger sind die Formdeut-Tests, die nun mit Luise gemacht werden. Es zeigen sich Anzeichen von Angst- und Zwangsneurose. Die Nasch*sucht* könnte demnach ein Nasch*zwang* sein.

Dies hat der Leser wohl längst erraten. Aber wir wollen, wenn ein Kind zu uns kommt, nicht mit vorgefaßten Meinungen operieren, vielmehr uns so verhalten, als wüßten wir nichts von Psychologie. Wir wollen uns davor bewahren, darauf auszugehen, Beweismaterial für unsere Theorien zu suchen — wir wollen sein wie eine tabula rasa und aufnahmefähig für all das, was der kleine Patient darauf zeichnet.

Ohne daß mit dem Mädchen schon über das Naschen gesprochen worden ist, wird die erste Sitzung beendigt, um so mehr als Luise fast nur mit ja und nein antwortet und Äußerungsschwierigkeiten zeigt.

Diese erschweren zuerst auch die zweite Sitzung. Bis mir einfällt, wo ich anknüpfen könnte. Ich hole die dritte Behntafel hervor, zu der Luise die vielsagende Antwort produziert hat: „Das sind zwei Kinder, die sich um ein Stück Fleisch streiten, sie haben es auseinandergerissen und ein Stück davon hinter sich geworfen." Luise wird an diese Bilddeutung erinnert, und ich schlage ihr vor, die Szene mit Spielpüppchen darzustellen. Ich hole die Guignols [1] hervor, stecke einen davon an meine Hand, den andern an die Rechte Luisens. Schon jetzt lacht sie belustigt.

„Das Fleisch gehört mir!" knurre ich, und sogleich antwortet sie im Namen ihrer Puppe: „Nein, mir gehört es!" Die Puppen beginnen einen Streit miteinander. Er wird immer heftiger, sie geraten einander in die Haare — Luise vergißt ihre Befangenheit, das Spiel reißt sie mit. Meine Puppe zieht den Kürzeren, flüchtet.

„Du Schelm!" ruft das Mädchen aus. „Du hast mir mein Fleisch stehlen wollen!" und Luise schmatzt, als ob sie die ihr zukommende Speise äße.

Ich ziehe eine andere Puppe hervor. „Dies ist die Hexe!"

„Wo hast du mein Fleisch?" fragt die Hexe. „Gib's her!"

Luise jubelt: „Hä — das ist längst gegessen, du dumme Hexe!"

Wir wechseln die Rollen. Ich nehme das Kind, Luise ergreift die Hexe. „Was tut jetzt die Hexe?" erkundige ich mich.

Luise ergreift das Kind am Kopf, reißt es mir aus der Hand, schüttelt es. „Du erhältst zur Strafe nichts zu Mittag, und du mußt im Zimmer bleiben!" keift sie.

„So streng bist du mit dem armen Kinde?" frage ich. „Darf man so streng sein?"

Luise legt die Figuren ab, wird ernst und scheint zu ahnen, was sie gespielt hat. „Mit mir ist die Mutter so streng!" haucht sie und senkt das Köpfchen. „Sie hat mich doch wegen meiner Näschereien zu Ihnen gebracht!"

„Was naschest du denn?"

Und während das Mädchen — zuerst mehr in abgerissenen Worten, dann geläufiger, Bericht erstattet, immer stärker Mut fassend und sich über die Strenge der Mutter beklagend — fällt auf, daß es, wohl ohne es bewußt zu tun, ein umgehängtes Halskettchen hervorzieht und damit spielt.

---

[1] Kasperle-Figuren.

94

Als das Gespräch versiegt, erkundige ich mich: „Woher hast du denn das hübsche Kettchen?"

„Ich habe es einst zu Weihnachten erhalten. Papa hat es mir aus Italien heimgebracht, nein, einen Talis*mann* hat er mir gebracht, und die Mama schenkte mir ein Kettchen dazu, damit ich ihn am Hals tragen kann." (Luise sagt „Talis*mann*" [1].)

„Einen Talis*mann*?"

„Ja, er sah aus wie ein Männchen. Es war ein Korallenzweiglein."

„Wo hast du ihn denn — er hängt ja nicht mehr am Kettchen!"

Luise schlägt den Blick nieder. „Die Mama hat ihn mir weggenommen!"

„Weggenommen?"

Die Augen des Kindes kämpfen mit Tränen. „Weil ich beständig mit ihm spielte. Auch im Bett. Ich behielt ihn in den Händen, wenn ich betete. Mama sagte, das dürfe man nicht. Dann war ich trotzig — und dann nahm sie ihn mir!" Nun weint die Kleine.

„Ist es schon lange her? Wann war es, weißt du es noch?"

„Im Sommer vor einem Jahre!"

Rechnen wir aus: es handelt sich um den Zeitpunkt, von dem Frau Müller mitgeteilt hat, daß die Naschsucht ausgebrochen sei.

„Das hat dir weh getan, gelt, daß man dir deinen Talismann weggenommen hat?"

Ergrimmt bricht es aus Luise hervor: „Der Talismann war das einzige, was mir Mama vom Papa übriggelassen hatte. Die Puppen von Papa hat sie mir genommen und auch die schöne Schulschachtel — ich soll gar nichts mehr von ihm haben!"

Bevor ich Luise gehen lasse, gebe ich ihr in jede Hand eine Waffel, um damit die Vateridentifikation zu erleichtern.

---

[1] In der Mundart sagt Luischen: „Talismanndli" oder gar „Talismanndeli". Dies bedeutet eigentlich „Männchen". Es ist aber in dem Wort weniger die Diminutivform von „Mann" gemeint, als die innige Gefühlsbeziehung ausgedrückt. Eine jungverheiratete und in ihren Gatten verliebte Frau nennt ihn „Mys Manndli" (wortmäßig übersetzt: „Mein Männchen"), was nicht heißt, der Gatte sei von kleiner Gestalt, eher den herzlichen Gefühlen Ausdruck verleiht.

Frau Müller ruft an: ob ich darauf ausgehe, Luise auch zu verwöhnen. Ich bitte die Frau, mich machen zu lassen und kann sie beruhigen.

Vor der dritten Sitzung lasse ich Luise ein wenig warten und stelle einen Teller mit sechs Waffeln ins Zimmer. Dann sehe ich, daß Luise sie unberührt gelassen hat.

„Hast du keine nehmen müssen?" erkundige ich mich lächelnd.

„Ich dachte, Sie geben mir dann schon eine!"

„So nimm dir davon!" ermuntere ich Luise, und sie tut es, wie mir scheint, ohne Gier.

„Deine Mutter hat mir mitgeteilt, du habest behauptet, naschen *zu müssen,* selbst wenn du nicht naschen *willst!"*

„So ist es!" beginnt Luise zu plaudern, und sie schildert, wie dem jeweilen ist. „Ich bekomme soo Hunger!" erklärt sie. „Und dann *muß* ich einfach etwas nehmen. — Die *Hand* nimmt, sie *nimmt* einfach!"

Schöner läßt sich ein Zwang kaum darstellen.

„Könntest du denn nicht vorher *fragen* — die Mutter *bitten?"*

„Dann heißt es: ‚Iß bei Tische, du brauchst jetzt nichts!' — Ich weiß es schon!"

Wir kommen dann nochmals auf den „Talismann" zu sprechen.

„Wenn ich mit ihm betete", fällt einmal Luisens Wort, „dann war es so schön, ich schlief dann so gut!" Ein andermal: „Es war so, als hätte ich meinen Papa noch, ich bin oft zu ihm ins Bett geschlüpft!"

Immer deutlicher stellte sich heraus:

1. daß der Talisman — pars pro toto — den Vater bedeutete. Solange Luise den Talisman besaß, fühlte sie sich vom Vater ungetrennt;

2. in Andeutungen, deren Sinn man kraft des Wissens um die Symbolik erraten konnte, wurde klar, daß der Talisman in einer anderen Bedeutung Penisersatz war. Luise phantasierte, die Mutter habe sie böswilligerweise zur Welt gebracht, ehe das Kind „fertig" — nämlich ein Bub geworden war;

3. war der „Talismann" ein „Kind", das Luise vom Vater erhalten hatte;

4. gleich wie der „Talismann" für die Phantasie Luisens von mehrfacher Bedeutung war, war auch der Naschzwang mehrfach determiniert.

Luise stellte sich vor, Kinder würden oral empfangen. Deshalb naschte sie — sie wollte einen Ersatz für das weggenommene Kind vom Vater haben.

Süßigkeiten u. dgl. bedeuteten für Luise einen Ersatz für Vaterliebe, denn der Vater hatte ihr ja einst oft Eßwaren und Leckerbissen als Liebesbeweis geschenkt. Auf diese Liebesbeweise wollte Luise nicht verzichten, da sie ja überhaupt nicht gewillt war, auf den Vater zu verzichten.

Bei Tisch hatte die Mutter gelegentlich zu Luise gesagt: „Iß, so wirst du groß und stark!" Groß und stark werden war ein Wunsch Luisens. Wenn sie groß und stark geworden, würde sie von der Mutter weniger abhängig sein — sie würde die Mutter sogar beherrschen können und ihr das „Fleisch" wegnehmen, wie das Kind beim Kasperlespiel der Hexe das Fleisch weggenommen hatte. „Fleisch" bedeutete für Luise wiederum gleichviel wie Penis. Dafür zeugte ein Traum: „Ich war mit Hansi (dies ist ein Nachbarsbub) zusammen, und wir spielten Dökterlis. Er zog die Hosen aus, und da sah ich mit Schrecken, daß ihm jemand das Fleisch zwichen den Beinen weggeschnitten hatte und er wie ein Mädchen aussah — und dann erwachte ich und konnte lange nicht wieder einschlafen."

Für das Auffassen und Denken Luisens bestand überhaupt die Gleichung „Fleisch = Leckerbissen = Speise = Penis = Kind = Vater = Talisman" — und wer auch nur oberflächlich etwas von infantilen Denkvorgängen und von der Sprache des Unbewußten kennt, dem ist wohl die Genese des Naschzwanges längst evident geworden.

Er war eine Ersatzbildung für den weggenommenen „Talismann", (in der Phantasie Luisens) dem Kinde von der Mutter weggenommenen Vater und den von der „bösen" Mutter dem Kinde nicht mitgegebenen Penis, und er bedeutete eine Rache, welche die Mutter treffen sollte.

Man könnte auch formulieren: Die Näscherei hatte für Luise den Sinn der Vaterliebe, auf die das Kind Anspruch erhob und die ihm von der strengen Mutter weggenommen worden war.

Dies alles ging aus Gesprächen, Spielen, Träumen Luisens wohl sehr unzweifelhaft hervor, wurde dem Kinde jedoch nicht „gedeutet". Bei einer „Spiel-Analyse" kommt es nicht darauf an, daß sich das Kind in Wortvorstellungen unbewußte Mechanismen klarmacht; es genügt, wenn der Therapeut weiß, was geschieht, damit er sich in seinen (Spiel-)Eingriffen entsprechend verhalte.

Es wurde Luischen auch nicht, was man von einem Anhänger der Freudschen Lehren vielleicht erwarten könnte, irgend etwas „Sexuelles" mitgeteilt; das Mädchen wurde in kein Gespräch mit aufklärerischem Inhalt hineingezogen, weil dies nicht nötig war.

Es soll — habe ich mir sagen lassen — Kinderpsychotherapeuten geben, welche die Sexualaufklärung ihrer kleinen Patienten während der Sitzungen für unabwendbar nötig und als integrierenden Bestandteil ihrer Arbeit halten. Zweifellos ist sexuelle Aufklärung dann angezeigt, wenn das Kind, nachdem es volles Zutrauen gefaßt hat und durch Erfahrung weiß, es dürfe über alles reden, von sich aus auf das Thema zu sprechen kommt oder Fragen stellt. Andernfalls halte ich es für falsch, Dinge an den Haaren herbeizuziehen, die nicht „zur Sache" gehören. Hin und wieder wird man als Therapeut *unrichtige bewußte* Vorstellungen richtigstellen müssen.

Sexuelle Aufklärung kann nötig werden, falls bestimmte Verdrängungen und Ängste wirksam sind (etwa bei *Pseudodebilen,* die ihre Schaulust, ihre sexuelle Neugier und ihren Bemächtigungstrieb nicht richtig verarbeiten konnten und deshalb dumm wurden). Die Aufklärung muß dann aber mit äußerster Vorsicht, Sorgfalt und gut dosiert an das Kind herangebracht werden, um akzeptiert und realisiert werden zu können.

Die kinderanalytische Arbeit kann häufig ohne Sexualaufklärung ablaufen. So war es bei Luischen.

Hat man den Eindruck erhalten, es sei etwas Wichtiges versäumt worden? Hätte der Kinderanalytiker die Gelegenheit beim Schopf fassen sollen, als er merkte, Luischen fasse die Mädchen als verstümmelte Knaben auf usw.? Hinderte das Unterlassen der Sexualaufklärung die Heilung?

Bevor man urteilt, höre man weiter, was geschah!

Nach etwa drei Dutzend Sitzungen, die jeweils eine, anderthalb oder zwei Stunden dauerten, folgte eine neue Besprechung mit Frau Müller. Es wurde ihr ungefähr folgendes mitgeteilt:

„Luise hat den Verlust, die Trennung vom Vater nicht ertragen, nicht akzeptieren und verwinden können, und der Naschzwang steht damit in untergründigem Zusammenhang. Es muß dafür gesorgt werden, daß das Kind in seinem alltäglichen Leben etwas wie einen Vaterersatz finde. Dies ist teilweise bereits geschehen: Es hat mit mir, dem ‚Onkel‘, Beziehungen angeknüpft, welche denjenigen gleichen, die es zum Vater hatte. Der Psychotherapeut ist für Luise eine Art Vaterersatz. Darum darf im jetzigen Augenblick die Verbindung zwischen dem Kind und dem Helfer noch nicht abgebrochen werden. Vorläufig können wir nur die Häufigkeit der Sitzungen verringern, um sie später allmählich ganz aufzuheben.

Wenn Sie einverstanden sind, könnten wir uns mit dem Lehrer Luisens besprechen. Er sollte, was für die Weiterentwicklung des Kindes von großem Vorteil wäre, dafür sorgen, daß Luise auch ihn als Vater aufzufassen vermag. Dies kann dadurch in die Wege geleitet werden, daß sich der Mann Luisen gegenüber ein wenig zärtlich verhält, sie zu Botengängen und Handreichungen benutzt, sich bei Turnspielen mit dem Mädchen neckt, ihm gelegentlich eine Kleinigkeit schenkt, ihm mal zur Belohnung über den Schopf streichelt, ihm ein Buch zum Lesen mitbringt usw. Dann wird das Kind einen Teil seiner dem Vater geltenden Liebe an den Lehrer abdelegieren können, und in entsprechendem Maße plagt es die Sehnsucht nach dem wirklichen Vater minder, erleichtert ihm den Verzicht auf die Vaternähe, Vaterliebe.

Über das Naschen darf mit Luise überhaupt nicht mehr gesprochen werden. Man muß Geduld walten lassen. Je stärker sich Luise an einen Vaterersatz bindet, desto weniger wird sie nötig haben, Näschereien zu entwenden. Das Symptom wird allmählich verschwinden, wie es gekommen ist. Die Mutter muß Luise in geringem Maße, doch mehr als bis anhin, Süßigkeiten und Lieblingsspeisen abgeben. Später, nachdem die Störung verschwunden ist, kann man Luise dann wieder langsam, vorsichtig entwöhnen.

Noch ein Hauptpunkt: Luise sollte ihr ,Talismann' zurückerstattet werden — vielleicht, ja wahrscheinlich löst sich dann der Naschzwang sofort auf."

Frau Müller war mit den Ratschlägen bis auf den letzterwähnten einverstanden. Dieser konnte nicht befolgt werden; denn der „Talismann" war gar nicht mehr vorhanden; Frau Müller hatte ihn in den Kehrichtkübel geworfen. Ein gleicher konnte kaum beschafft werden, und es war auch nicht angezeigt, Luise täuschen zu wollen. Wäre das Mädchen inne geworden, man habe ihm an Stelle des richtigen, „seines" Talismans einen unterschobenen gegeben, wäre das Vertrauen des Kindes in die Mutter erst recht und wohl vollkommen erschüttert worden. Wenn Luise gewußt oder auch nur vermutet hätte, es sei der ,Onkel' gewesen, welcher der Mutter geraten habe, einen „falschen Talismann" zu besorgen, wäre ebenfalls das Zutrauen zu ihm, zum Helfer, zerstört worden. Dies durfte man nicht riskieren. Die Umstände waren auch allzu delikat, als daß es der ,Onkel' wagen durfte, Luischen einen Ersatz für den „Talismann" anzubieten.

Also galt es zu versuchen, ob all die anderen vorgeschlagenen Maßnahmen ausreichten, um die Naschsucht zu brechen.

Luisens Lehrer, Vater mehrerer kleiner Kinder, zeigte sich gerne bereit, die ihm zugedachte Rolle zu übernehmen. Da er gerade in der Lage war, ein Mädchen als ältere Spielgefährtin und Aufsicht für seine Kinder und als Besorgerin der alltäglichen Botengänge anzustellen, traf es sich besonders gut.

Die stark anlehnungsbedürftige Luise freundete sich mit der Lehrersfamilie rasch an. Sie hatte nun selber „Kinder bekommen" —

im Lehrer einen realen Ersatz-Vater — und in der Lehrersfrau auch eine zweite mütterlichere Mutter [1]; Luisens Ich, ihr Selbstgefühl, Selbstwertgefühl, ihr Narzißmus wurden durch die Aufgabe als Kindermütterchen befriedigt, und der Naschzwang verschwand, weil er unnötig wurde.

Und nun wird man sich fragen, wieso diese Heilung — wieso Heilungen überhaupt zustandekommen können, ohne das *Bewußtmachen* der pathogenen unbewußten Konflikte — ohne daß der kleine Patient *weiß*, was seine Symptome bedeuteten und was er damit beabsichtigte — ohne daß der tiefenpsychologische Hintergrund aufgehellt wird.

Wenn ein Kind beim Kasperlespiel den König totschlägt oder vom Krokodil auffressen, vom Polizisten verhaften läßt, dann ist für es *„wirklich"* Rache genommen am Vater: Der Vater *ist* totgeschlagen, aufgefressen, durch Verhaftung unschädlich gemacht.

Der „Talismann" Luischens *ist* (pars pro toto) der Vater und hat auch in seinen anderen Bedeutungen *Wirklichkeitswert*. Dies zu erfassen, ist für uns Erwachsene außerordentlich schwierig. Wir verfallen immer wieder der Auffassung, das, was wir als „Symbole" erkennen, für „Symbole" zu halten. Aber erst dann, wenn wir imstande sind, gefühlsmäßig zu akzeptieren, was uns intellektuell unsinnig erscheint, verstehen wir, was „magisches" Denken

---

[1] Erfahrungen mit Kindern haben mich gelehrt, daß alle Verwicklungen zuletzt auf die *Mutter*, nicht auf den Vater, zurückgehen. Es ist die Mutter, die das Kind aus dem Paradies des intra-uterinen Lebens ausstößt in die feindliche Welt; die Mutter läßt das Kind das Trauma der Geburt erfahren.
Das „reißende" Totem- und Phobie-Tier (im Märchen vom „Rotkäppchen" ist es der Wolf) ist letzten Endes immer ein Muttersymbol. Wenn das Phobie-Tier einen Vater-Ersatz bedeutet, etwa wie in der *Analyse der Phobie eines fünfjährigen Knaben* (Freud, *Ges. Schr.* Bd. VI), steckt dahinter die „kinderfressende Mutter" — die Figur des Vaters ist die Inkarnation des „bösen Anteiles" der Mutter. Phantasien wie jene von der „*vagina dentata*", der kinderfressenden Göttin Astarte, ferner der Persephone- und Osiris-Mythos usw. könnten als Beweismaterial dafür herbeigezogen werden, daß für die allgemeinmenschliche Auffassung die „Mutter" ebenso eine Lebensvernichterin wie eine Lebensspenderin ist.
Siehe auch: Felix Schottlaender, *Die Mutter als Schicksal*, Stuttgart, 1949

heißt und wie bei Kindern Heilungen ohne Deutung unbewußter Inhalte zustande kommen.

Es sei daran erinnert, daß ja nicht nur die Kinder, sondern auch die wildlebenden Völker „magisch" denken und entsprechend handeln. Ich möchte auf eine einzige Episode hinweisen, die dies bestätigt. Frazer berichtet in seinem *Golden bough* darüber. Ein stämmiger Krieger, der sich durch Mut, Kraft und Gesundheit auszeichnet, ißt zufällig eine tabuierte Speise. Dann teilt ihm jemand mit, was er getan, und vom Augenblick an kränkelt er und erlebt den nachfolgenden Tag nicht mehr. Denn das Tabu *ist* etwas Todbringendes, es bedeutet nicht nur „symbolisch" den Tod.

Indem wir beim kindlichen Patienten die „reine Spiel-Therapie" anwenden, sprechen wir direkt das Unbewußte an — *setzen wir uns direkt mit dem Unbewußten in Verbindung,* und nicht damit, daß wir etwas für „symbolischen Ersatz" halten und dadurch ins Bewußte zu heben glauben, indem wir es deuten, es in die Sprache des Bewußten übersetzen. Die Sprache des Bewußten ist für das Kind beinahe noch eine Fremdsprache. Es *„erlebt"* darin nicht konkret, es hört nur Laute, Klänge, von denen es nur ungenau weiß, was sich darein kleidet. Um aber ein Kind von seelischen Störungen heilen zu können, müssen wir jene Schicht seiner Psyche erreichen, in der das Kind *„lebt".* Diese ist die magische, die prälogische, die noch nicht intellektuell gewordene, oft noch nicht einmal zu Wortvorstellungen gewordene „Sprache".

Das Kind, so könnten wir auch sagen, lebt noch in viel weiterem Maße als der Erwachsene, wenn nicht überhaupt, aus dem Unbewußten; Unbewußtes und Bewußtes decken sich weitgehend. Und da die Sprache des Unbewußten die Symbolsprache und das Agieren ist, werden wir uns, um auf das Kind einzuwirken, der ihm eigenen „Sprache" anpassen und uns seiner Sprache bedienen müssen.

Wenn wir aus den vorangegangenen Kapiteln einen Begriff darüber erhalten haben, wie die Denkkategorien des Kindes beschaffen sind, dann brauche ich eigentlich keine Worte mehr darüber zu verlieren, wie die Heilung Luischens und wie andere mit ähnlichen Mitteln bewirkte Heilungen bei Kindern psychologisch begründet sind und zustande kamen. Der Schlüssel zum Verständnis ist uns durch die Kenntnis des infantilen Denkens, der kindlichen „Welt-Anschauung" in die Hand gegeben.

Und nun möchte ich noch eine Vermutung aussprechen. Wie kommen denn die Heilungen von Neurosen Erwachsener zustande? Kann ich von einem mich in arge Nöte stürzenden Ödipuskomplex oder von Kastrationsängsten befreit werden, indem ich *weiß* oder indem mir der Psychotherapeut klipp und klar *beweist,* ich litte an meinem Ödipuskomplex und Kastrationsängsten, und wenn ich ferner *weiß,* was diese Begriffe für einen Inhalt haben? Hilft es mir, wenn ich, vor eine Autorität gestellt, erschauere und gelähmt bin und mir sage, ich sei soeben meinem Ödipuskomplex und Kastrations-befürchtungen erlegen und mir mein Verhalten ganz genau zu *erklären* vermag?

Nein, es hilft mir keinen Deut in meiner bedrängten Lage. Die Deutung dessen, was mich vom Unbewußten her in der freien Entfaltung meiner Gesamtpersönlichkeit hemmt, hindert, genügt nicht — und falls die an mir angewendete Psychotherapie ausschließlich meine „erwachsenen Denkkategorien" anpackt, bleibe ich trotz all meinem Wissen ungeheilt, krank.

Mich deucht, das Geheimnis der Heilung psychogener Affektionen bestehe überhaupt und allgemein darin, daß es dem Psychotherapeuten gelingt, die infantile und damit die urhafte Schicht oder Art des Denkens zu erreichen. Geschieht dies nicht, werde ich als gelehriger Schüler meines Psychotherapeuten zum Tiefenpsychologen, was ich gewiß auch als einen Erfolg verbuchen kann, aber mein *eigentliches* Anliegen, gesund zu werden, ist unerfüllt.

Nun macht es gewiß fast den Anschein, als wollte ich auch für die Erwachsenenbehandlung für eine Art Spieltherapie plädieren. Dem ist jedoch nicht so. Mit dem Erwachsenen haben wir in der Sprache der Erwachsenen zu reden. Aber es ist von Freud her die Regel bekannt, daß erst dann etwas gedeutet werden soll, wenn ein „Sinn" bereits *bewußtseinsnahe* — bereits *vorbewußt* geworden ist und darum der *Wortvorstellung* nahesteht. Das heißt jedoch, daß in der Tiefe das Entscheidende bereits vor sich gegangen ist. Wir hängen ihm dann nur noch — mit der Wortvorstellung — die notwendige Etikette an, damit es auch unserm Bewußtsein verständlich werden kann.

Sechstes Kapitel

Über die Indikation zur Kinderpsychotherapie —
Eheleute, die ein „schwieriges", neurotisiertes Kind nötig haben
und seine Heilung verhindern müssen

———

Als ich von Luischen und seinem „Talismann" berichtete, habe ich
etwas verschwiegen, das mitzuteilen ich nun nachholen möchte, weil
es mir in bezug auf die Kinderpsychotherapie grundsätzlich wichtig
erscheint.

Es handelt sich um ein zweites Gespräch mit Frau Müller. Dieses
fand statt, nachdem alles andere, Luischen betreffend, eingerichtet
und auf guten Wegen war.

Man stelle sich die Frau noch einmal vor, wie ich sie zu Beginn des
letzten Kapitels geschildert habe, und erinnere sich ihres Verhält-
nisses zu ihrem ehemaligen Gatten. Und dann überblicke man die
ganze Geschichte um Luischens Naschzwang.

Jetzt wird man mir sagen: „Die Mutter Müller hat durch ihr Verhalten das Kind neurotisch gemacht. Erstens ist die gute Frau
Müller keine sehr mütterliche Person. Sie ist auch nicht eigentlich
das, was man „fraulich" nennt. Zum größten Teil ist die Ehe an
ihr, weniger an ihrem Manne gescheitert. Wir streiten Frau Müller
nicht ab, sie sei eine tüchtige Haus- und Geschäftsfrau. Ihren Worten
entnehmen wir, daß es ihr Spezereiladen ist, der sie hauptsächlich
interessiert und ihre Gedankenwelt auf Kosten ihrer Gemütswelt
gefangen nimmt. Sie lehnt Zärtlichkeiten als „kindisch" und unter
ihrer Würde ab und möchte einen ihr nahen Menschen haben, mit
dem sie über ihre geschäftlichen Angelegenheiten und Sorgen sprechen kann. Frau Müller sagt klipp und klar aus, sie fasse die Ehe
nicht als ein Vergnügen, vielmehr als eine Aufgabe auf. Der Spezereiladen ist ihre Ehe. Er ist aber auch das Organ, woran sie ihre infantil-

prägenital gebliebene Sexualität befriedigt. Ihm, als einem Ersatz, wendet sie ihre Gefühle zu, auch ihre Interessen. Wir greifen wohl kaum daneben, wenn wir formulieren, Frau Müller sei ‚stark männlichen‘ Wesens. Ihr Gatte jedoch suchte in ihr offenbar etwas anderes, und sie hat ihn enttäuscht. Ohne es bewußt zu beabsichtigen, hat sie ihn zur Aufnahme von Beziehungen zu einem weiblicheren Liebesobjekt gezwungen. Die Hauptschuld am Zerbrechen der Ehe, welches dann die Fehlentwicklung des Töchterchens zur Folge hatte, liegt an Frau Müller."

Ich gebe diesem Einwand vollkommen recht und füge bei, daß wir, wenn wir so urteilen, nicht richten, nicht *ver*urteilen, sondern nur eine psychologische Situation festnageln möchten.

Wir erfassen diese nicht ganz; denn wir wissen viel zu wenig genau, wie *Herr* Müller aussieht. Wir kennen ihn nicht persönlich, sondern nur in der Spiegelung, die uns durch seine einstige Frau gegeben worden ist. Wir wissen vor allem nichts darüber, warum dieser stark zärtlichkeitsbedürftige Mann ausgerechnet an eine dermaßen kühle Frau geraten konnte. Dies muß doch gewiß auch seine guten Gründe haben. Es bringt uns jedoch nicht weiter, allerhand Vermutungen über dieses Problem zu pflegen.

Kehren wir deshalb wieder zu Frau Müller und ihrem Töchterchen zurück. „Ich habe keine Gelegenheit gehabt, Ihren ehemaligen Gatten zu sprechen oder zu sehen", sagen wir zu Frau Müller. „Aber täuschen wir uns, wenn wir vermuten, manches an Luischen erinnere Sie an Ihres Mannes Art und Wesen?"

Frau Müller blickt uns erstaunt an. Sie nickt: „So ist es!" ruft sie aus. „Ich habe Ihnen ja schon mal gesagt: das Kind schlägt in seine Rasse, gleicht ihm wie ein Ei dem anderen. Nicht nur in der äußerlichen Gestalt — auch er ist von gedrungener, rundlicher Art —, sondern auch im Charakter!"

Wir nehmen dies zur Kenntnis, warten einen Augenblick und erkundigen uns dann: „Wäre es nicht denkbar, daß Sie die Erziehung Ihres Töchterchens so einzurichten trachteten, um dessen Charakter mehr dem Ihren anzugleichen — daß Sie versucht haben, an

Luise alle jene Züge zu unterbinden, die denen Ihres Mannes gleichen?"

„Gewiß!" bestätigt sie. „Es wird mir erst jetzt so recht bewußt, daß dem so gewesen ist. Jedenfalls in mancherlei Hinsicht", schwächt sie ab. „Vor allem wollte ich Luischen ‚härter‘ machen. Ich wollte sie nicht verwöhnen, verzärteln, verziehen. Unsere Zeit verlangt Menschen, die einen klaren Kopf haben und nicht gleich weinen, wenn sie eine Laus im Kraut finden. Gefühlsduselei ist nur hinderlich für das Fortkommen. — Und in dieser Hinsicht hat Luischen von ihrem Vater ein schlechtes Erbe übernommen. Ich sagte mir, ich müsse früh etwas dagegen unternehmen — in des Kindes eigenem Interesse!"

Psychologen müssen manchmal Diplomaten sein. Es wäre falsch, bei Frau Müller gleich mit der Türe ins Haus zu fallen, ihr unmittelbar ins Gesicht zu werfen, was wir denken und was wir für falsch halten. Denn wir wollen nicht unnötigerweise in einer sehr heiklen Angelegenheit Widerstände erwecken.

„Sie haben recht!" erklären wir ihr. „Heutzutage verlangt das Leben Menschen, die ihm gewachsen sind und sich vor seinen Schwierigkeiten nicht fürchten. Anderteils ist mir eine Vermutung aufgegangen. Ich möchte sie Ihnen unterbreiten, damit Sie sich darüber äußern können. Es handelt sich, wie gesagt, nur um eine Vermutung: Ich habe den Eindruck, daß Sie in Ihrem Kinde mehr oder minder jenen Kampf, den Sie gegen Ihren Gatten führten, fortsetzen. Sie tun dies mit der wohlmeinendsten Absicht. Trotzdem ist dies nicht ganz richtig. Denn in Ihrem Kinde sind nicht ausschließlich die Eigenschaften Ihres Gatten, sondern auch solche von *Ihrer* Seite und der Seite *Ihrer* Ahnen-Reihe. Insofern sind Sie Luischen gegenüber nicht ganz gerecht. Sie verwechseln das Kind allzusehr mit Ihrem Manne. Ist es wohl so?"

Frau Müller seufzt, denkt ein Weilchen nach und gibt dann zu: „Es mag so sein!"

„Sehen Sie — so lange Ihr Gatte noch im Hause war, hat Luischen ohne Schädigung ertragen, von Ihnen zur Härte erzogen zu werden.

Kam Ihr Mann heim, entschädigte er das Kind gleichsam für die von Ihnen kommende Erziehung zur Härte: Er war liebevoll, zärtlich mit Luischen — eben nur allzu liebevoll und zärtlich, wie Sie angedeutet haben. Luise hat sich in den Gegensatz zwischen Ihrer und Ihres Mannes Erziehung gefunden. Sie hat ein Gleichgewicht hergestellt und gewöhnte sich daran. — Dann jedoch kam ihr Gatte weg, dauernd weg. Die ,Entschädigung', von der ich vorhin sprach, blieb aus. Dies ertrug Luischen nicht — und daraus bildete sich allmählich der Naschzwang. Das Kind eignete sich zwangsmäßig das an, was es vorher von seinem Vater geschenkt erhielt: Näschereien als Liebesbeweise, als Liebe überhaupt."

Da die Gebärde und Miene der Frau Müller erraten läßt, sie verstehe, was ihr mitgeteilt wird — sie *akzeptiere* die *Deutung*, darf man es wagen, noch ein Stück weiterzugehen.

„Es scheint, Frau Müller, daß Sie unwissentlich und un-willentlich einen Erziehungsfehler begangen haben. Bitte, fassen Sie diesen meinen Ausspruch nicht als Vorwurf auf — solche unbewußten Erziehungsfehler macht jedermann gelegentlich. Auch ich habe solche gemacht bei meinen Kindern. Aber wenn es Ihnen recht ist, wollen wir uns darüber unterhalten. Denn wir wollen sie erkennen, um sie zu vermeiden!"

„Dafür bin ich ja zu Ihnen gekommen!"

„In jenem Augenblick, als dem Kinde der Vater weggenommen wurde, hätten Sie die Erziehung ein klein wenig abändern müssen. Sie hätten Luischen ,entschädigen' müssen für das, was das Mädchen jetzt vom Vater nicht weiter beziehen konnte. Es hatte von Ihrer Seite her vermehrte Liebe und Zärtlichkeit nötig!"

Frau Müller ist nicht einverstanden. „Sie meinen", fragt sie, „ich hätte Luischen nun verzärteln sollen?"

„Ja, das meine ich. Ich meine es zwar auf besondere Art. *Zunächst* hätten Sie ihm an Zärtlichkeit und Liebe mehr gönnen sollen als vorher, und dann hätten Sie das Kind *allmählich* ein wenig entwöhnen müssen, so wie man Brustkinder allmählich entwöhnt. Man gibt ihnen die Brust weniger häufig, man reicht ihnen andere süße

Speisen, man gewöhnt sie mehr und mehr, diese aus dem Löffel zu empfangen und selbständig mit dem Löffel einzunehmen. In ähnlicher Weise wäre angezeigt gewesen, mit Luischen vorzugehen."

Frau Müller schweigt. Man sieht ihr an, daß sie sich mit dem, was sie vernommen hat, beschäftigt. „Kann ich den begangenen Fehler gutmachen?" erkundigt sie sich.

„Dies habe ich Ihnen eben empfehlen wollen. Erziehen Sie nicht allzuviel an der Kleinen herum! Lassen Sie hin und wieder Fünfe gerade sein. Nehmen Sie sich Zeit für Luise, so schwer dies ist neben Ihren anderen Pflichten. Sie sollten es einzurichten suchen, daß Sie jeden Tag einmal mit Luischen unbeschwert *spielen*. Singen Sie mal ein Lied mit ihr. Wenn Sie sie zu Bett bringen, *erzählen* Sie ihr ein Märchen oder eine kleine Geschichte, und sprechen Sie mit ihr ein Abendgebet!"

„Ich habe mir schon mehrmals gesagt, ich müßte dies tun und das Mädchen am Abend nicht immer nur der Marie, meiner Haushalthilfe, überlassen!"

„Sehen Sie, dies ist viel wichtiger, als manche glauben. Und streicheln Sie Luischen über den Scheitel, necken Sie sich gelegentlich mit ihr, spaßen Sie mit ihr usw., geben Sie ihr ab und zu handgreifliche Liebesbeweise! Alsdann wird Luischen der Verzicht auf den Vater leichter. Wenn man einem Kinde etwas wegnimmt, muß man ihm dafür etwas geben!"

Frau Müller wiegt nachdenklich den Kopf.

„Vor allem müssen Sie sich davor hüten, in Ihrem Kinde einfach ein Doppel Ihres Mannes zu sehen. Ich würde Ihnen empfehlen, diesen Gesichtspunkt bei der Erziehung immer im Auge zu behalten, sich selber zu prüfen! Fragen Sie sich jeden Abend vor dem Einschlafen, ob Sie Luise tagsüber nie so behandelt haben, als wäre es Ihr Mann gewesen — Sie verstehen ja jetzt, was ich damit meine —."

Frau Müller dankt, und dann geht sie.

Warum habe ich dieses Stück der Behandlung Luisens — denn es gehört dazu, obwohl es sich an die Mutter wandte — berichtet?

Aus zweierlei Gründen:

1. wollte ich am konkreten Beispiel deutlich machen, daß Kinder-neurosen oft vom Elternhause sozusagen „gezüchtet" werden;

2. wollte ich zeigen, daß es nicht selten nötig ist, *statt dem kleinen Patienten den Eltern etwas zu deuten:* ihre unbewußte Einstellung zum fehlentwickelten Kinde, die mit dem „Milieu" zusammen-hängende Dynamik dieser Fehlentwicklung, die in den Familien-verhältnissen liegende Motivierung.

In seinen *Zahmen Xenien* (4. Abteilung) sagt Goethe:

> „Man könnt' erzogene Kinder gebären,
> Wenn die Eltern erzogen wären!"

Dieser Satz gilt besonders oft dort, wo sich Kinderneurosen und „Erziehungsschwierigkeiten" zeigen. „Erziehungsschwierigkeiten" sind recht häufig Erzieher-Schwierigkeiten. In solchen Fällen ist die Indikation zur Kinderpsychotherapie meist *nicht* gegeben. Man sollte die Eltern in Behandlung nehmen. Aber sehr oft kann man die Erzieher eines fehlentwickelten Kindes nicht dazu bringen, sich kurieren zu lassen. Manchmal vermag man dem Kinde zu helfen, indem man den Eltern die Erscheinungen als reaktive Bildungen aufhellt und ihnen klarzumachen sucht, eigentlich seien *sie* die Ur-sache der Fehlentwicklung ihres Sprößlings.

Dies ist meist eine außerordentlich heikle Aufgabe, und es sind einem nicht alle Eltern dankbar für solche Aufklärungen. Aber *es gibt* solche, die in sich gehen und sich nachher bemühen, etwas in ihrem Verhalten oder im Familienleben abzuändern, damit ihr Kind besser gedeihen könne.

Da ist zum Beispiel ein Ehepaar mit zwei Kindern, einem älteren Buben, Ludwig, von neun und einem Mädchen von viereinhalb Jahren. Die Leute hatten sich, als sie sich heirateten, beide nicht zuerst einen Stammhalter, vielmehr ein Mädchen, ein „Kinder-mütterchen" für die erwarteten nachfolgenden Kinder gewünscht. Als dann ein Bub anrückte, waren sie beide enttäuscht. Und als dann nicht bald ein zweites Kind kommen wollte, waren sie es noch viel mehr.

Dies ist gewiß eine ungewöhnliche Situation, denn in der Regel wünschen sich junge Eheleute nichts sehnlicher als einen Stammhalter. Aber im erwähnten Falle war es umgekehrt, und es bestand keine Gelegenheit, nach den unbewußten Motiven der elterlichen Einstellung zu forschen. Als dann nach viereinhalb Jahren endlich ein Mädelchen da war, zeigten sich die Eltern hochbefriedigt; sie vernachlässigten Ludwig und wandten ihre ganze Aufmerksamkeit seinem Schwesterchen zu. Es wurde vorgezogen, nach Noten verwöhnt und bildete den Mittelpunkt der Familie. Dem Büblein hatte man oft gesagt, daß er ein Mädchen hätte sein sollen.

Es ist nicht zum Wundern, daß der kleine Ludwig in steigendem Grade eifersüchtig wurde. Jahrelang tat er so, als nähme er vom Vorhandensein des Schwesterchens überhaupt keine Kenntnis. Allmählich entwickelte er sich zum „schwierigen" Kinde: Er zeichnete sich durch außerordentlichen Trotz aus und sonderte sich von allen Mitmenschen ab. Während er noch vorschulpflichtig war, kümmerten sich die Eltern um sein Verhalten nicht so sehr. Falls der Bub trotzte und nicht gehorchen wollte, wurde er so lange geprügelt, bis er klein beigab.

Dann kam er, siebenjährig geworden, zur Schule. Als begabtes Bürschchen hatte er in bezug auf den Lerntrieb keinerlei Schwierigkeiten. Aber er lebte das Leben eines Sonderlings, nahm an den Spielen freiwillig nie teil, und wenn ihn die Lehrerin dazu veranlaßte, wurde er zum Spielverderber, begann Händel, wurde aggressiv und verdrosch mit kalter Grobheit besonders die Mädchen. Als er dies auch auf dem Schulweg tat, kamen Klagen von den Eltern der Schulkameradinnen. Die Lehrerin verlangte von den Eltern, daß sie Ludwig psychotherapeutisch behandeln ließen. Die Eltern waren nicht einverstanden. Der Vater glaubte, es genüge, den Sohn abzustrafen. Als jedoch die Klagen nicht aufhören wollten, ließen sich die Eltern schließlich doch bewegen, psychotherapeutische Hilfe zu suchen.

Während der Behandlung wurde bald einmal ersichtlich, warum sich Ludwig zum Aggressiven und zum Einsiedler entwickelt hatte und was für eine Kindertragödie er durchgemacht. Entsprechende Spiele mit Guignols und Bildergeschichten machten den Konflikt offenbar. Ganz besonders liebte der Knabe, sich als Mädchen zu verkleiden und die Rolle der Mutter oder Schwester zu spielen, während ich die des „bösen Buben" oder des Vaters, der freundlich mit dem Mädchen war, zu mimen hatte.

Hier galt es, die Eltern über ihr Verhalten aufzuklären, ihnen allerhand Ratschläge zu erteilen und Ludwig mit den Eltern, aber auch mit seiner Geschlechtsrolle auszusöhnen. Vor allem mußte sich der Vater des Knaben annehmen, ihn zum Spiel- und Arbeitskameraden machen. Statt mit Strenge und Körperstrafen vorzugehen, mußten die Eltern Ludwig viel mehr Liebe erzeigen, ihn durch Geschenke bestechen, ihm Freude machen, ihn anerkennen.

Die Eltern *vermochten* dies zu tun, weil ihr Wunsch, ein Töchterchen zu bekommen, erfüllt worden war. Und unter dem Obwalten ihrer bewußten, beabsichtigten anderen Einstellung unter Führung ihres Beraters klang die Aggressivität Ludwigs bald ab. Er wurde verträglicher, die Klagen aus der Schule und vom Schulweg blieben aus. Der Vater, auf Rat des Helfers, lud Nachbarskinder zu gemeinsamen Spielen ein, und Ludwig freundete sich mit ihnen an. Je weniger er Prügel erhielt, desto mehr schwand sein Trotz. Als die Lehrerin mitteilte, Ludwig füge sich in die Gemeinschaft und sei kein Streithahn und Einsiedler mehr, konnte die Behandlung allmählich abgebrochen werden — auch die Beratung der Eltern. Der Sohn hatte inzwischen auch zum Schwesterchen eine andere Einstellung gewonnen. Er gefiel sich in der Rolle des Ritters und Beschützers und freute sich über die Dankbarkeit des Mädchens.

Viel schwieriger aber ist es, wenn ein arger *Ehekonflikt* der Eltern ein Kind schwierig gemacht hat. Ein „schwieriges" Kind zu haben, ist in solchen Fällen für die Eltern oft darum nötig, weil dann der Ehekonflikt in die Latenz versetzt wird. Die zerbröckelnde Ehe wird alsdann neu gekittet durch die gemeinsame Sorge der Eltern um das fehlentwickelte Kind. Die Ehe hat eine neue Aufgabe erhalten: gemeinsam wird ein Störenfried bekämpft. Die Ehepartner, die sich vorher gegenseitig aufzureiben trachteten, werden geeint durch die „Pflicht", ihr „schwieriges" Kind „richtig" zu erziehen — und es hebt eine Erzieherei an, die es je länger desto stärker auf Abwege treibt.

Da ist ein Ehepaar mit drei Kindern. Das mittlere, ein zwölfjähriger Bub, wird auf einmal zum Dieb. Er bestiehlt zwar ausschließlich die Eltern. Aber sie fürchten, er könnte auch anderswo etwas entwenden, und sie sehen ihren Marcel schon mit einem Fuße im Zuchthaus stehen. Außerdem fühlen sie sich in ihrer Ehre gekränkt und vom Schicksal in arger Weise getroffen. Denn der Vater ist Pfarrer, und beide Elternteile stammen aus ehrwürdigsten Verhältnissen. Was würde man im Dorf sagen, wenn ruchbar würde, der Pfarrersbub sei ein Dieb!

Die Behandlung des Buben ergibt, daß er sich als mittleres Kind von den Eltern allzuwenig geliebt fühlt. Sie ziehen den älteren Bruder und das jüngere Schwesterchen, den „Nesthöck", ihm vor. Es wird sehr deutlich, daß Geld für den Buben gleichviel bedeutet wie Liebe. Mit den Batzen kauft er sich Süßigkeiten — einen Ersatz für „süße" Liebe, wie dies bei Kindern so oft der Fall ist. Und er glaubt ein Anrecht darauf zu haben: Er *nimmt* sich, was man ihm nicht direkt und freiwillig gibt.

Den Eltern wird geraten, dem Buben ein wöchentliches Taschengeld zu verabreichen und ihm allerhand Gelegenheiten zu geben, Geld hinzuzuverdienen. Dies soll *neben* der Behandlung durch den Therapeuten geschehen. Dieser möchte, daß Marcel zunächst durch einen Handel von seinem Symptom befreit werde: Er soll das Entwenden von Geld gegen das Erhalten von Geld aufgeben.

Nun gehen aber die Eltern vollständig verkehrt vor und sorgen dafür, daß der Rat seine Wirkung verfehlt. Marcel, so wird ihm vom Vater befohlen, muß in einem Notizbüchlein ganz genau Buchhaltung führen über die Art, wie er seine 60 Rappen Taschengeld und die verdienten Beträge ausgibt. Der Bub wird kritisiert und belehrt, wie man haushalten müsse. Er kann sich nicht als *Besitzer* des Geldes fühlen — er darf es nur verwalten. Es kommt an den Tag, daß er 25 Rappen für einen Bleistiftkauf notiert, während er in Wirklichkeit Zucker-Zeltchen erstand.

„Die betrügerische Ader ist wieder durchgebrochen!" stellt der Vater erschrocken fest und deutet an, er habe dies von vornherein erwartet. Daß er den Sohn zum Betruge zwang, fällt ihm nicht auf. Er ist höchst erstaunt, als ihm mitgeteilt wird, das Verhalten Marcels lasse eher auf Intelligenz als auf eine schlimme Charakteranlage schließen.

Die Behandlung schreitet weiter — und als der Bub im besten Zuge ist, das Stehlen zu lassen, brechen die Eltern die Kur ab mit der Begründung, sie sei ihnen zu kostspielig, und sie sei zu wenig fruchtbar gewesen. Die Frau Pfarrer hat absichtlich Geld da und dort liegen lassen, um zu prüfen, ob Marcel etwas davon nehme — und der Bub hat die Gelegenheit ausgenutzt, er ging in die gestellte Falle. Als man ihm dies triumphierend um die Nase rieb, wurde er wütend und ohrfeigte das Schwesterchen, das an den Vorhalten teilgenommen hatte und das „ehrlichere" Kind spielte; die Eltern hielten es Marcel als Muster vor.

Man kann sich des Eindrucks nicht erwehren, hinter dem elterlichen Verhalten stecke ein unbewußter Plan: Marcel *muß* „schwierig" bleiben. Des Rätsels Lösung besteht darin, daß die Ehe der Eltern schlecht ist. Es schickt sich jedoch nicht, daß sich Pfarrersleute scheiden lassen, und sie dürfen dies schon darum nicht tun, weil sie den Kindern ein „Familienleben" schuldig zu sein glauben. Vernunftgründe halten die Ehe äußerlich zusammen. Einer davon ist die Erziehungsaufgabe am „schwierigen" Marcel.

Eine Andeutung, dieser sei darum auf Abwege geraten, weil etwas in der Ehe nicht so sei, wie es sein sollte, wird mit unterdrückter Empörung kühl abgewiesen. Die Ehe sei „glücklich", wie sie es unter vernünftigen Partnern sein müsse, wird erklärt. Auseinandersetzungen gebe es vor den Augen der Kinder nie. Und auch die heimlich gepflogenen beständen nur in Form von ruhigen Diskussionen, ohne alle Heftigkeit.

Der Hinweis darauf, daß die Kinder die gegenseitige Kühle der

Eltern gefühlsmäßig erfaßten, wird nicht akzeptiert. Die Leute führen an, daß in diesem Falle alle ihre Kinder Schwierigkeiten zeigen müßten.

Der ältere Sohn ist ein Leseratz, das letztgeborene Töchterchen eine Heulliese — aber die Eltern sind nicht dazu zu bringen, diese Eigenschaften als „Schwierigkeiten" zu erkennen. Daß das Lesen eine Flucht aus der Realität, und daß das Heulen ein Mittel sein könnte, um sich der Hilfe der Eltern zu versichern und um sie tyrannisieren zu können, will ihnen nicht einleuchten. Die Mutter sei einst auch ein Leseratz gewesen, und der ältere Sohn schlage ihr nach. Die Kleine könne sich nicht anders wehren als mit Heulen, weil sie die Schwächste sei, und außerdem eigne ihr ein gar weiches Herzchen, sie sei gegenüber Bettlern und Kranken „soo gut", behaupten die Eltern und wissen alles zu erklären, zehnmal besser als der Therapeut.

Es ist nichts zu machen, weil nichts gemacht werden *soll*. Denn, falls alle die Schwierigkeiten, hauptsächlich die beim mittleren Kinde, aufgehoben würden — was unter dem traumatisch wirkenden Eheverhältnis überhaupt unmöglich wäre —, würde der latente Ehekonflikt akut. Es ist für die Eheleute viel angenehmer, sich nur um den diebischen Marcel sorgen zu müssen mit dem ergebenen Seufzer: „Es hat halt jedermann sein Kreuz zu tragen!", als den Ehekonflikt so oder so zu lösen, zu beseitigen. Und darum *darf* Marcel nicht ein „normales" Kind werden.

Man kann sich fragen, weshalb unter solchen Umständen denn die Eltern mit ihrem fehlentwickelten Kinde zum Erziehungsberater oder Psychotherapeuten laufen. Es erscheint sinnlos, die Heilung eines neurotisierten oder sonstwie „schwierigen" Kindes anzustreben, wenn man alles Interesse daran hat, daß nichts geändert werde.

Was die Eltern suchen, ist eben etwas anderes als die Heilung. Sie suchen eine *Bestätigung*. Nämlich die Überzeugung, daß andere Leute den Fehler an ihrem Kinde *„auch nicht"* beseitigen können. Zugleich können sie sich vortäuschen, sie hätten alles unternommen, um ihr Kind auf einen besseren Weg zu bringen, sie hätten keine

Mühe und keine Kosten gescheut. Was sie erwartet hätten, habe sich eingestellt: Es sei eben nichts anzufangen, und man habe sich mit der Tatsache abzufinden, vom Schicksal durch ein fehlentwickeltes Kind geschlagen worden zu sein.

Eltern, die unter dem Obwalten eines Ehekonflikts „erziehen", machen aus ihrer Familie einen höllischen Zirkel, wobei die eine Partei die andere reaktiv beeinflußt und zu immer abwegigerem Verhalten treibt; kein Familienglied kann und soll ihm entrinnen.

Die Eltern fallen dem infantilen Denken anheim in ähnlicher Weise, wie es die Dame mit dem Zuckerwasser und den dreckigen Geldscheinen tat, von der ich zu Beginn des ersten Kapitels sprach. Das infantile Denken der Eltern bestimmt vermutlich in manchen Fällen sogar die Art der neurotischen Symptome des in die Fehlentwicklung hineingestoßenen Kindes.

Das neurotisierte Kind dient jedem Elternteil als Waffe gegen den andern. Seine Krankheit ist die Summe, das aus verschiedenen Hintergrundwirkungen zusammengesetzte neurotische Resultat der elterlichen Reaktionen — gleichsam eine Antwort darauf. Und weil das neurotisierte Kind für jeden Elternteil eine Waffe bedeutet, bringt es beiden auch eine (unbewußte) Befriedigung, also auch Lust.

Es tönt paradox, dies zu hören. Eine Mutter mit einem bettnässenden Zwölfjährigen wird sich weigern zu glauben, sie ziehe aus dem Symptom ihres Sohnes Lust; sie würde, hörte sie unsere Behauptung oder Einsicht, diese als Verdrehung und Unterschiebung ablehnen, als Phantasieprodukt perversen Denkens taxieren. Haben wir jedoch die Gelegenheit, diese Mutter in ihrem infantilen Denken zu untersuchen, entdecken wir, sie *wünsche* sich ein Kind, das noch auf der Stufe des Säuglings steht. Das vom Unbewußten der Mutter provozierte Bettnässen des Kindes macht dieses in den Augen der Mutter zum Säugling. Denn auch für das regressionsbedingte Infantildenken der Mutter gilt das Gesetz „*Pars pro toto*": Es genügt, daß das Kind bettnäßt, damit die Mutter in ihm einen Säugling sehen kann.

Einem unglückseligen Kinde, das von den Eltern neurotisiert worden ist, kann der Therapeut manchmal dadurch helfen, daß er eine Milieuversetzung durchdrückt. Er muß sie jedoch auf besondere Art, auf schlaue Art, begründen.

Die Eltern gehen darauf niemals ein, wenn man ihnen die eigentlichen Gründe darlegt: daß das Kind weggenommen werden müsse, weil es „milieukrank" sei, und daß es so lange krank bleiben *müsse*, als das elterliche Milieu nicht gesünder werde. Aber wenn man *die Eltern bedauert*, wenn man sagt, die Mutter reibe sich am „schwierigen" Kinde auf und habe die Kraft nicht, ihre Mutterpflichten den anderen Kindern gegenüber und die Hausfrauenpflichten richtig zu erfüllen, dann lassen sich die Eltern eher dazu bewegen, ihr Sorgenkind wegzugeben. „Blutenden Herzens" fügt man sich ins Unvermeidliche, wenn man die Gesundheit der Mutter gefährdet sieht, welche die Erfüllung ihrer Familienpflichten unmöglich machen könnte. — Oft lassen sich die Eltern, wenn alles andere fehlschlägt, bei ihrem Narzißmus packen. Gerade in solchen Ehen, wo tiefliegende innere Zerwürfnisse wirksam sind, mühen sich die Gatten, insbesondere die frigiden Frauen, eine untadelige Haushaltung zu führen. Sie wollen sich in dieser Hinsicht keine Selbstvorwürfe zu machen haben — sie reiben sich auf —, und hier kann man sie nicht selten packen.

Dann gilt es, das neue Milieu für das Kind *auszulesen*. Es genügt nicht, es in eine beliebige Umwelt zu bringen. Eine Milieuversetzung darf nicht nur eine „verwaltungstechnische Maßnahme" sein, wie sie oft von Vormundschaftsbehörden getätigt wird: Nicht *jedes* Kind paßt in *jedes* Milieu. Oft ist es so, daß ein Kind die Rolle des „einzigen" Kindes im Pflegefamilienkreise spielen muß, und es ist ein Ehepaar auszusuchen, dessen Kinder bereits erwachsen sind. Oder es ist besser, wenn der Pflegling sich einer größeren Kindergemeinschaft anpassen muß, und die Verbringung in ein kleines Kinderheim ist angezeigt usw.

Wie das neue Milieu aussehen muß, *was* für Bedingungen es erfüllen sollte, weiß der Psychologe meist ganz genau: Es geht aus den

Spielen und aus der Erforschung der pathogenen [1] Ursachen im fehlentwickelten Kinde hervor.

Was in einem jeden einzelnen Falle angezeigt und nötig ist, kann man bei kleineren Kindern nur dann erkennen, wenn man Einsicht hat ins kindliche Denken. Ohne diese Kenntnis könnte nicht einmal eine sachgerechte Diagnose gestellt werden.

Der Kinderpsychotherapeut muß ein Stück weit *Magier* sein. Ich denke dabei nicht an die Sorte der Magier bei wildlebenden Völkern, die sich nicht bewußt sind, *was* sie tun und nur final orientiert sind. Sie wissen aus der Überlieferung, was sie vornehmen müssen, um ein gewisses Ziel zu erreichen, und sie verfahren nach gewissen Geheimrezepten, die nur den Medizinmännern oder Priestern bekannt sind.

Wenn ich davon rede, ein Kinderpsychotherapeut müsse ein wenig ein Magier sein, dann meine ich, er müsse mit dem magischen Denken der kleinen Patienten vertraut sein und es *handhaben* können. Sonst bleibt ihm die Welt des Kindes verschlossen. Er tappt hilflos im Dunkeln und ist allzusehr dem „Glück" überlassen, wenn er etwas ausrichtet. Er muß eine gewisse Affinität für das infantile Denken besitzen.

Darum eignet sich nicht jeder, der für die Psychotherapie begabt ist, zur Kinderbehandlung.

Die landläufige Ansicht lautet, daß sich eher weibliche Personen als Männer zum Berufe des Kindertherapeuten eignen, und daran ist wohl etwas Richtiges. Den Frauen wird es leichter, sich in die Gedankenwelt und in das Denken kleiner Kinder einzufühlen. Dies entspricht ihren naturgegebenen „mütterlichen" Talenten und dem psychischen Geschlechtsunterschied, der trotz Mathilde Vaerting [1] nicht wegzuleugnen ist — so wenig wie der physische nämlich (der eine ist die Kehrseite des andern). Frauen erfassen meist intuitiver als Männer.

Ich habe auch schon die Meinung vertreten gehört, daß Mädchen

---

[1] = krankmachende Ursachen.

[1] *Wahrheit und Irrtum in der Geschlechtspsychologie.* Karlsruhe, 1923

von Frauen, Knaben eher von Männern behandelt werden müssen. Diese Ansicht halte ich für ebenso irrig, wie wenn die Behauptung aufgestellt würde, es sei adäquater, daß sich weibliche erwachsene Patienten von Frauen, männliche von Männern kurieren lassen. Unter Umständen ist es gerade von großem Vorteil, einen gegengeschlechtlichen Therapeuten aufzusuchen.

Zweifellos gibt es auch Männer, die sich für die Kinderpsychotherapie eignen. Ob es jedoch Frauen oder Männer sind: das eine erscheint mir bedeutsam: *Man sollte sich nicht ausschließlich spezialisieren* — man sollte nie ausschließlich Kinder behandeln. Tut man es, schränkt man seinen Gesichtskreis und allerhand Vergleichsmöglichkeiten ein. Die eine Tätigkeit befruchtet die andere. Bei den Kindern zeigen sich viele Erscheinungen in *direkten* Äußerungen, die bei Erwachsenen nur in mancherlei Hinsicht überkompensiert, verkompliziert, überarbeitet und getarnt sind durch psychische Organisationen, denen Abwehrfunktionen zukommen, wie sie das besser ausgebildete Ich schafft.

Umgekehrt: Da wir bei der Behandlung der Kinder stets auch darauf bedacht sein müssen, ihr noch schwaches Ich zu formen, zu bereichern, dient es uns, das Ich der Erwachsenen zu kennen, seinen Aufbau an soundso vielen Erwachsenenanalysen beobachtet zu haben, mit der Dynamik des Ichs vertraut zu sein, die vom Ich her stammenden oder beeinflußten Sublimierungsmöglichkeiten und neurotischen Lösungen durch Erfahrung erfaßt zu haben.

Sowohl die Kindererziehung als auch die Kinderpsychotherapie dienen letzten Endes dem Zwecke, aus jugendlichen Menschen im Rahmen ihrer Bestimmung, Begabung, ihrer Möglichkeiten, vollgültige Erwachsene zu machen. Wir haben uns zur Aufgabe gesetzt, diesen Prozeß, das Erwachsenwerden, die Integration des Individuums zu fördern, die sich ihm entgegenstellenden Hindernisse zu beseitigen. Das Ziel ist der „normale" erwachsene Mensch, d. h. der voll angepaßte, voll arbeits- und liebesfähige, gemeinschaftsfähige Mensch. Deshalb haben wir nötig, sowohl den noch unfertigen, unvollkommenen Menschen, das Kind, als auch den fertigen, ganzen, vollkommeneren Erwachsenen zu kennen. Und damit ist das Postulat begründet, sich nicht gänzlich für die Kinder- *oder* für die Erwachsenenpsychotherapie zu entscheiden. Besser ist, das eine zu tun und das andere nicht zu lassen, weil man aus beiden lernt. Es hieße wohl Wasser ins Meer tragen, wenn ich darauf hinweise, man habe in der Psychotherapie und Psychologie nie ausgelernt.

*

Wir haben im

1. Kapitel gelesen, daß das Kind, je jünger es ist, in um so größerem Maße vom Denken der Erwachsenen und ihrer Vorstellungswelt abweicht. Des Kindes Denken fanden wir demjenigen des Unbewußten analog: prälogisch, animistisch, anthropomorphologisch, magisch. — Das

2. Kapitel sollte uns einen weiteren Zug des infantilen Denkens nachweisen, den totemistischen. Er wird dem Kinderpsychotherapeuten insbesondere bei der Behandlung von Tierphobien augenfällig. Daß das Totemistische jedoch auch bei gesunden Kindern deutlich zum Vorschein kommen kann und sein Verhalten weitgehend bestimmt — bis zur Berufswahl unter Umständen —, sahen wir an bestimmten Spielen und in der „Heldentat" des kleinen Hahnenschlächters und des „*Etalon*". — Im

3. Kapitel wurden wir in ein kindliches Phantasieland eingeführt, das die animistisch-totemistisch-magische Kinderwelt mit derjenigen der Triebentwicklung verknüpfte und uns damit weitere Aufschlüsse gab über die Denkweise der Kinder. — Das

4. Kapitel war eine kleine Einführung in die Kinderpsychotherapie psychoanalytischer Färbung. Es berücksichtigte das Geschichtliche ihrer Entwicklung, machte auf die Hilfsmittel aufmerksam und arbeitete den Unterschied zur Erwachsenenpsychotherapie heraus. Wir sahen, daß das Kind agiert, wo der Erwachsene mit Wortvorstellungen zu fechten hat, und daß, anders als bei den Erwachsenen, dem Kinde nur ein schwaches Ich zur Verfügung steht, dessen Zustand bei der Kur berücksichtigt werden muß. Es wurde noch auf

etliche andere Spezialbedingungen hingewiesen, auf welche die Kinderpsychotherapie Rücksicht nehmen muß, besonders darauf, daß wir an Stelle der Assoziationstechnik die Spieltechnik anzuwenden gezwungen sind. — Das

5. Kapitel diente dazu, an einem Beispiel die „reine Spiel*technik*" zu verdeutlichen, eine Technik, bei welcher dem Kinde keinerlei unbewußte Vorgänge durch Deutung bewußt gemacht werden und sich trotzdem eine dauernde Heilung einstellt. Ich versuchte theoretisch-psychologisch zu begründen, warum dem so sei, und den Bogen zu schlagen von der Spieltechnik zum infantilen Denken. — Im

6. Kapitel wurde zunächst darauf hingewiesen, es sei oft nötig, statt dem Kinde *den Eltern* etwas vom Unbewußten des kleinen Patienten zu deuten, um damit notwendige Eingriffe ins Milieu zu erklären und zu motivieren. Wir stießen damit auf das „umweltkranke" Kind und diskutierten die Aussichten seiner Heilung. Eine der Hauptschwierigkeiten für den Kinderpsychotherapeuten liegt oft darin, daß das Kind im Elternhaus nach einem unbewußten Plane der Eltern neurotisiert oder „schwierig" gemacht wird, um als Blitzableiter für hintergründige Ehekonflikte zu dienen. Dann wird mit dämonischer Konsequenz die Arbeit des Kinderpsychotherapeuten wirkungslos gemacht, weil auf dem Schachbrett der Familie das abwegige Kind als Turmfigur unbedingt nötig ist, es hat seine ganz bestimmte Rolle zu spielen, um den Zusammenhalt der Ehe zu gewährleisten.

Schließlich wurde die Kinderpsychotherapie mit derjenigen der Erwachsenen nochmals verglichen, diesmal unter dem Gesichtspunkte der gegenseitigen Ergänzung, und

damit schließe ich den Kreis meiner Erörterungen. Ich habe mancherlei nur angedeutet, und ich wollte keine alleinrichtigen und nachzuahmenden Rezepte vermitteln, wohl aber Richtlinien und Fingerzeige geben und denjenigen, der sich um diese Frage müht, in seinem Anliegen bestätigen, den Geist, der in ihm wirksam ist, in seiner Arbeit zu gestalten und fruchtbar zu machen!

Zu S. 36 — über *Totemismus*

Stadt und Kanton Bern haben im Wappen einen schwarzen Bären, der auf gelber schrägaufsteigender Straße zwischen zwei roten Feldern emporschreitet. — Die Bürger anderer schweizerischer Kantone sagen von den Bernern gerne, sie seien „Bären", und in dieser Bezeichnung ist viel mehr als nur eine Hänselei enthalten. Wohl will man feststellen, die Berner seien plump, ungelenk, langsam, sie hätten auch eine entsprechende Muttersprache (Dialekt); aber auch die Kraft und die Gutmütigkeit ist in der Bezeichnung „Bär" enthalten, und dies weiß sowohl der Berner selber als auch der, welcher ihn als „Bären" bezeichnet.

Wenn jemand im Freundeskreise bei einem Anlaß zu spät kommt, wird er gefragt: „Du bist doch nicht etwa ein Berner?" — oder, falls er es ist: „Er ist halt ein Berner!"

Der Berner ist nicht gekränkt, wenn von ihm und vor ihm gesagt wird, er sei ein „Bär", eher ist er stolz darauf. Er identifiziert sich mit seinem Wappentier. Zu Bern in der Stadt befindet sich ein Bärengraben, wo sich das Wappentier lebendig tummelt. Viele Besucher sammeln sich dort, und in der Hauptsache sind es Berner, sie schauen den Tieren zu und füttern sie mit Karotten („Rübli") und anderen Leckerbissen — man kann diese in fliegenden Butiken rings um den Bärengraben kaufen. Bei gewissen Festen der Stadt Bern führt der Bärenwärter im Umzug ein junges Wappentier mit sich. Wenn eine Bärin Junge wirft, kann man von dem Ereignis in den Zeitungen lesen, und die ganze Stadt nimmt Anteil. Die Kinder sind gespannt darauf, den Wurf im „kleinen Bärengraben" sehen zu dürfen, einem besonders für die jugendlichen Bärlein abgetrennten Teil des Grabens. Zu den Festtagen backen die Zuckerbäcker einen besonderen Lebkuchen, den „Bärenmutz", auf dessen Oberfläche mit glaciertem Zucker ein Bär aufgeklebt ist. Bessere Bürger tragen oft ein silbernes oder goldenes Bärlein an der Uhrkette, und nicht selten tun dies auch junge Mädchen: Sie hängen ein Bärlein an die Armspange, oder sie tragen es als Blusenschmuck.

In Bern und in New York bestehen Vereine, die sich „Bären-Club" nennen und miteinander in Beziehung stehen. Man bezeichnet die Stadtberner Vereinigung im Anklang an den Bärengraben als „Graben Bern", die New Yorker Vereinigung entsprechend als „Graben New York". Geachtete Männer gehören dem Club an, Gemeinderäte, Nationalräte, Großräte (= Kantonsräte), Mundartschriftsteller, Industrielle, Ingenieure usw. Von Zeit zu Zeit wird ein „Bott" (= Versammlung) abgehalten, wobei die Freundschaft gepflegt und allerhand kulturelle Fragen, insbesondere solche zur Erhaltung typischen bernischen Wesens, der Berner Literatur, des Heimatschutzes usw. besprochen werden. Der Bärenwärter ist sozusagen „von Amtes wegen" Mitglied des „Bären-Clubs", und wenn er einen Bären hat abtun müssen, ist er verpflichtet, eines der schmackhaftesten Stücke des getöteten Tieres für ein „Bären-Mahl" des Clubs zu stiften. Da nicht immer Bärenfleisch zur Verfügung steht, wird ab und zu ein „Rübli- (Karotten-) Mahl" veranstaltet: man verzehrt Karotten, um die gebratene Fleischscheiben gewickelt worden sind, und man trinkt dazu „Bärenblut", das ist roter Wein. Der Präsident des Clubs, dessen Mitglieder sich alle duzen, heißt „Mani" (= Bärenmännchen), die übrigen sind die „Mutzen" (= Bären). Man sagt also nicht — wenn der alte Präsident zurücktritt —: „Wir müssen einen neuen Präsidenten wählen!", sondern: „Wir müssen einen neuen Mani wählen und dies dem Graben New York mitteilen!" Die Mehrzahl der Mitglieder des stadtbernischen Bären-Clubs sind ehemalige nach USA ausgewanderte und später wieder zurück in die Heimat gekommene Berner, darum sind viele von ihnen zugleich Mitglied im Berner wie im New Yorker Bären-Club.

Zu S. 76 — *Übertragung bei Kindern*

Anna Freud (*Einführung in die Technik der Kinderanalyse*, Wien

1927) ist der Ansicht, das Kind sei zur Übertragung nicht imstande. „Das Kind ist nicht wie der Erwachsene bereit, eine Neuauflage seiner Liebesbeziehungen vorzunehmen, weil — so könnte man sagen — die alte Auflage noch nicht vergriffen ist (S. 56)."

„Andererseits aber eignet sich der Kinderanalytiker auch wenig zum Gegenstand einer deutbaren Übertragung. Wir wissen, auf welche Weise wir uns in der Erwachsenenanalyse zu dem Zwecke verhalten. Wir bleiben unpersönlich, schattenhaft, ein leeres Blatt, auf das der Patient seine Übertragungsphantasien eintragen kann, etwa in der Weise, wie man im Kinematographen ein Bild auf eine leere Leinwand wirft ... Der Kinderanalytiker aber darf alles andere eher sein als ein Schatten ... Eine solch klar umrissene und in vielen Hinsichten neuartige Persönlichkeit ist aber leider ein schlechtes Übertragungsobjekt, d. h. weniger brauchbar, wo es auf die Deutung der Übertragung ankommt. Die Schwierigkeit, die hier entsteht, ist die gleiche, um in dem vorigen Vergleich zu bleiben, wie wenn wir auf der Leinwand, auf die das Bild projiziert werden soll, schon ein Gemälde aufgetragen finden. Je reichhaltiger und farbenschöner es ist, desto mehr wird es dazu beitragen, daß sich die Linien des daraufgeworfenen verwischen (S. 57/58)."

Mir scheinen diese Sätze sauber und einleuchtend. Nur lehrt einen die Erfahrung und der tägliche Umgang mit Kindern, die Behauptungen Anna Freuds stimmten mit der Wirklichkeit nicht überein.

Bei einer Diskussion käme es wahrscheinlich darauf hinaus, daß man sich um die Begriffe „Übertragung" und „Bindung" streiten würde ... es ergäbe sich, wie so oft bei wissenschaftlichen Auseinandersetzungen, ein Turnier um die Fachausdrücke ...

Jede Lehrerin, jeder Lehrer kann unter den Schülern Übertragungsphänomene beobachten. Die meisten Kinder suchen die Familiensituation in der Schule irgendwie wiederherzustellen, zu bearbeiten und auszutragen, und dies tun die ABC-Schützen — also die *jüngeren* Kinder — meist in noch viel stärkerem Maße als die älteren Schüler, die schon besser verzichten gelernt haben.

Gerade bei der „reinen Spiel-Therapie" zeigen sich Übertragungsphänomene regelmäßig mit größter Deutlichkeit. Ich habe den Eindruck erhalten, die Kinder übertrügen meist sehr leicht, vielleicht aber weniger tief als die Erwachsenen: In jedem Manne sieht das Kind seinen Vater — projiziert den ganzen oder Teile seines Vaters in den Mann hinein und löst sie leicht wieder ab, sobald es von der Realität eines andern belehrt worden ist — oder es sieht einen andern Vateranteil in den beliebigen Mann hinein, sobald es inne wird, dieser Mann entspreche nicht dem ursprünglichen Bilde, das es sich von ihm machte und das den gewissen Zügen des Vaters entnommen worden war [1].

Ob sich die Erwachsenen-Analytiker nicht arg täuschen, wenn sie glauben, sie vermöchten ihren Patienten gegenüber tabula rasa zu sein? Ob es genügt, in der Behandlungsstunde *hinter* dem Patienten, diesem unsichtbar, zu sitzen und sich möglichst unpersönlich zu verhalten, um zu vermeiden, daß er den Therapeuten nicht als ganz bestimmte Persönlichkeit erkenne, wahrnehme? (In Detroit soll es Psychoanalytiker geben, die, um dem Patienten gegenüber möglichst unpersönlich zu sein, es vermeiden, ihn auf der Straße anzutreffen — wenn sie auf der Straße gehen und feststellen, daß ihnen ein Patient entgegenschreitet, gehen sie auf die andere Seite. Ein Zusammentreffen könnte, glauben sie, den Ablauf der Übertragungsphänomene stören . . .). — Ich bin der Meinung, es sei ganz unvermeidlich, daß ein Mensch (Patient) einen andern (den Analytiker) in seiner Besonderheit erkenne, und dieses Erkennen werde möglich durch einen nur kurz dauernden Anblick, durch das Hören der Stimme, durch den Händedruck bei der Begrüßung, durch die Handschrift, die dem Mitmenschen (auch wenn er bewußt nichts von Graphologie versteht) einen bestimmten Eindruck macht. Gestützt darauf erkennt ein Mensch „intuitiv" den andern — und was die Detroiter Analytiker vornehmen, erscheint mir übergewissenhaft, doktrinär und ein wenig unmenschlich, wenn nicht komisch und „weltfremd".

---

[1] Siehe auch: Sigmund Freud, *Zur Psychologie des Gymnasiasten* in *Zeitschrift für psychoanalytische Pädagogik,* Jahrg. 1935, Heft 5/6, Wien.

Es wird der Analytiker — auf irgendwelchem Wege in seiner Persönlichkeit erkannt, und zugleich wird auf ihn übertragen. Und zwar wird „regredierend" übertragen; wie, so frage ich mich, sollte ein Erwachsener, der regrediert hat, sich also in historische Situationen seiner Kindheit versetzt, übertragen können, wenn er dies nicht bereits als Kind getan, erlernt hätte? Die Regression ist doch gewiß eine affektive Angelegenheit: Der Patient, der regrediert, steht in diesem Momente affektiv auf der Stufe des Kindes und agiert am Analytiker das, was (affektiv) einst dem Kinde als Kind aktuell war. Wie sollte der Patient, affektiv auf die Stufe der Kindheit (regressiv) zurückversetzt, etwas tun können, wovon Anna Freud behauptet, das Kind sei dazu nicht imstande? Auch für den erwachsenen Patienten ist „die alte Auflage" noch nicht „vergriffen", wenn er z. B. an seinem Ödipuskomplex, dem „Kernstück der Neurose", herumlaboriert.

Beispiele von kindlichen Übertragungen:

Ich hatte eine neue Klasse erhalten, aus zwölfjährigen Schülern bestehend. Nach fünf Wochen Schule gab es vier Wochen Ferien. Dann, nachdem wir die Schule wiederum angefangen, kam in der zweiten Woche eines Morgens eine Schülerin zu mir und erklärte: „Herr Lehrer, ich habe letzte Nacht von Ihnen geträumt. Ich habe heute beim Frühstück meinen Traum der Mutter erzählt, die hat schön lachen müssen!"
„Was hast du denn über mich geträumt?"
Das Mädchen, Trudi, kichert, ich ergreife Block und Bleistift, um nachzustenographieren.
„Mir träumte", berichtet Trudi, „meine Schwester Vreni, mein Bruder Hanseli und ich und noch andere Kinder waren da. Herr Z. war ein Stück weiter unten und tröhlte (= wälzte sich) im Gras herum, und — ich weiß nicht mehr recht — meine Mutter war bei Ihnen. Ich dachte, das ist doch nicht gut fürs Gras. Ich rief: ‚Kommt

doch zu uns hervor!' Da kamen Sie, und Sie befahlen der Mutter etwas, und die Mutter wollte nicht. Da wurden Sie zornig, Sie gingen ein Stück weit auf die Seite und legten sich vor Wut auf den Boden und riefen, es gehe mich nichts an, ich brauche nicht auf Sie zu schauen. Ich brachte Ihnen etwas, dann waren Sie wieder zufrieden!"

„Was hast du mir — im Traum — denn gebracht?" fragte ich die Erzählerin.

„Ich besinne mich nicht mehr!"

Nun forderte ich Trudi auf, sie möge mir den Traum gleich hinschreiben, während ich mit den anderen Kindern das morgendliche Diktat mache. — Sie notierte folgendes — das Eingeklammerte sind die Stellen, die sie durchstrich — man sieht deutlich das Wirken der Verdrängung: „Ich träumte letzte Nacht, meine Mutter (Herr Zulliger), Vreni und ich und sonst noch eine von der Klasse sind ein Stück weiter davon, und (Herr Z. dabei) da sagte meine Mutter, ich solle dorthin gehen und sagen, Sie sollen so gut sein und nicht im Gras herumtrohlen; da sah ich Herrn Z., da sagte ich: ,Kommt doch zu uns hervor!' er kommt. Da sagte er zu meiner Mutter etwas, die Mutter sagte dazu nein; da wurde der Lehrer ein bißchen zornig und geht ein Stück weiter, als wir sind, und legt sich vor Wut auf den Boden hin. Den Rest habe ich vergessen."

Dies ist zweifellos ein Übertragungstraum, er dürfte einen sexuellen Akt andeuten.

Am Tage darauf bringt mir Trudi eine Marzipan-Zwiebel. Die Mutter habe ihr deren drei gegeben, zwei habe sie, Trudi, selber geschleckt, und die letzte habe sie für mich gespart.

Ein Büblein, eineinviertel Jahre alt, ruft seinen Vater: „Ada-Atta!" Es wird dann zu den Großeltern mütterlicherseits in die Ferien gegeben. Dort nennt es auch den Großvater, der äußerlich dem Vater gar nicht ähnlich ist, „Ada-Atta". Erst später vermag es den Großvater vom Vater zu unterscheiden, nachdem dieser einmal auf Besuch gekommen ist. Das Büblein hat gehört, daß der Vater den

Großvater mit „Du" anredete, und von diesem Zeitpunkte ruft es den Großvater mit „Du-du!"

Mir scheint, dieses letzte Beispiel sei besonders instruktiv (es könnte durch viele andere, gleich wie auch das zuerst erwähnte, vermehrt werden). Denn es zeigt das Ur-Phänomen des Übertragungsvorganges an:

Für das ganz kleine Kind sind wohl alle Frauen „Mütter" und alle Männer „Väter". Es entspricht dem infantilen Auffassen und Denken, daß dem so sein muß. Säuglinge unterscheiden die sie umgebenden Personen wohl mehr mit dem Geruch-, Gehör- und Geschmacks-Sinne als mit dem Gesichtssinn, *wenn* sie unterscheiden. Es gelingt ihnen sehr leicht, eine Person für die andere zu nehmen und eine Person mit einer anderen zu ersetzen. Der zweiten, dritten usw. Person wird die Haltung der ersten auf dem Wege der Phantasie und des infantilen Auffassens unterschoben.

Während der späteren Entwicklung wird dann in die fremde Frau die „gute" oder die „böse" Mutter, d. h. ein *Anteil* der Mutter hineinprojiziert. Ebenso geschieht es mit den Männern, die entweder den „guten" oder den „bösen" Vater darstellen.

Nach diesem Vorbild einer Projektion vollzieht sich später die „Übertragung". Hinzu kommt dann nur noch, sobald der junge Mensch fähig geworden ist, daß er einen Teil seiner ursprünglich völlig „narzißtischen" [1] Libido in Objekt-Libido [2] umwandle; daraus ergibt sich der libidinöse Anteil am Übertragungsphänomen.

Demnach dürfte die Übertragungsfähigkeit auf der Tatsache beruhen, daß für die psychische Realität des Säuglings eine Person für die andere stehen kann.

Die objektive Realitätsprüfung läßt — später — das Kind unterscheiden, es seien verschiedene Frauen und Männer vorhanden. Es benennt sie dann „Tanten" und „Onkel", und dies ist viel mehr als nur ein Name: es deutet eine nahe Gefühlsbeziehung zu den Personen an.

---

[1] Narzißmus = Selbstliebe.
[2] Liebe zu anderen Menschen.

Im Augenblick, da das Kind zu „fremden" beginnt, realisiert es erst richtig, es gebe ihm völlig „fremde" Personen, zu denen es eine andere als die vertrauensvolle Elternbeziehung hat.

Die allererste libidinöse Beziehung, diejenige zur Mutter, ist „narzißtisch", weil der Säugling die Mutter als Teil seiner selbst auffaßt. Der Säugling liebt die Mutter — dies heißt gleichviel wie er liebe sich selbst. Wenn er dann, von der Realitätsprüfung gewitzigt, festzustellen vermag, die Mutter sei außerhalb von ihm und eine Person für sich, bleibt die libidinöse Bindung weiterbestehen, und aus der ursprünglich narzißtischen wird Objektlibido.

Zu S. 80 — *Kinder, die wohl analysiert, aber nicht geheilt worden sind:*

Ein ehemaliger Berliner Analytiker erzählte mir von einem Siebenjährigen, einem Enuretiker, der nach zweijähriger Analyse ungeheilt war, aber wie ein Fachmann über analytische Dinge reden konnte und alles zu deuten vermochte. Er wußte genau, daß er einnäßte, um sich der mütterlichen Pflege zu versichern, als wäre er noch ein Säugling und das einzige Kind der Familie, er *wußte* auch, daß er mit dem Einnässen einen intrauterinen Zustand wiederherstellen wollte usw. — aber er näßte eben weiter ein.

Er war *belehrt* worden, statt daß er etwas *erlebt* hätte, das ihn hätte in seiner Entwicklung weiterbringen sollen: Dies hatte die Analytikerin mit ihren unmittelbaren Deutungen des Unbewußten, die sie ihrem kleinen Patienten jeweilen mitgeteilt und die er jeweilen zustimmend „akzeptiert" hatte, erreicht.

Zu S. 84 — *Das Kind will seine Grenzen erkennen:*

In einer kleinen Gesellschaft, an der ich teilnahm, konnte ich folgende Beobachtung machen: Der etwa sieben Jahre alte Sohn der Familie boxte sich freundschaftlich mit einem der Gäste; dieser gab leicht zurück, packte den Kleinen am Handgelenk der schlagenden

Hand und preßte es, so daß der Bub sein Gesichtchen schmerzhaft verzog. Er schlug je länger desto kräftiger, und entsprechend verstärkte der Empfänger der Schläge seine Abwehr. Da begab sich der Bub zu einem andern Gast und begann mit ihm das gleiche Spiel. Der Gast nun tat dergleichen, als fürchte er sich: Er flüchtete, er wich aus, er verbarg sich hinter den Lehnstühlen usw. Eine Zeitlang wiederholte der Bub seine Angriffe, dann gab er sie auf. Er setzte sich zum ersten Gaste hin, kuschelte sich an ihn, ergriff seine Hand und biß hinein — und in einem Augenblicke, als der andere Gast nicht hinsah und mit dem Hausherrn in ein Gespräch verwickelt war, flüsterte der Kleine seinem Partner ins Ohr: „Mit dem dort kann man nichts anfangen, der tut dergleichen, er sei schwächer als ich!"

Der betreffende Gast hat dann dem andern, nachdem der Knabe weg war, den Vorfall mitgeteilt, und es wurde diskutiert, was das Kind eigentlich gewollt, bezweckt hatte mit seinen Angriffen auf Erwachsene, und welches das richtige Verhalten gegenüber solchen Angriffen sei.

Es liegt auf der Hand, der Knabe wollte erreichen, daß sich der Partner wehre — der Kleine wollte ernst genommen sein und wollte sich davon überzeugen, wie viel er sich erlauben durfte, bis der Partner reagierte. Daß dieser — und zwar mit Abwehr — reagierte, sollte dem Buben zeigen, daß er, der Bub, bereits schmerzhaft für einen Erwachsenen schlagen konnte, so daß dieser sich wehren mußte. Es bedeutete für den Buben Lust, nämlich narzißtische Befriedigung und Stärkung seines „Selbstwertgefühles", festzustellen, er sei bereits so kräftig, um die Abwehr eines Erwachsenen hervorrufen zu können, und er suchte die Grenze festzustellen, wie weit er gehen durfte, ohne selber allzu hart Schmerzen erleiden zu müssen. Der „Stoß ins Leere", den der Knabe durch das Verhalten des andern Gastes erfuhr, behagte ihm nicht, weil er nicht prüfen konnte, was er prüfen wollte.

Zu S. 87 — *Die Tests:*

Es handelt sich durchwegs um „Projektionstests": Die Versuchsperson projiziert ihr Wesen in den Test hinein.

Der Düss-Test besteht darin, daß dem Kinde zehn kleine Geschichten erzählt werden, die es zu beendigen oder auf die es zu
antworten hat und die den Versuchsleiter über gewisse „Komplexe"
des Kindes orientieren sollen.

So z. B.: „Eine Vogel-Mama und ein Vogel-Papa schlafen mit ihrem
kleinen Vogel-Kind in ihrem Neste auf einem Aste. Plötzlich
kommt ein starker Windstoß, schüttelt den Ast, so daß das Nest
zu Boden fällt. Die drei Vögel wachen auf. Der Papa fliegt schnell
auf eine Tanne, die Mama auf eine andere Tanne. Was tut nun
das kleine Vogel-Kind? Es kann schon ein wenig fliegen?" — — —

„Jemand von einer Familie hat den Zug genommen, um eine Reise
zu machen. Er ist sehr, sehr weit fortgereist, so weit, daß er nicht
mehr heim kommt. Wer?" —

„Das ist ein Kind, das sagt ganz leise: ‚Oh, ich habe Angst!'
Wovor hat es Angst?" —

„Ein Kind hat einen kleinen Elefanten. Es hat ihn sehr lieb, denn
er ist hübsch mit dem langen Rüssel. Eines Tages kommt das Kind
vom Spaziergang heim in sein Zimmer und findet, daß der Elefant
anders aussieht. Was war verändert, was war geschehen?" usw.

An Hand dieses Tests wird der kleinen Versuchsperson Gelegenheit gegeben, ihre hauptsächlichsten Konflikte auf der totemistischen
Denkstufe zu gestalten und — dem Versuchsleiter zu verraten.

Zu S. 98 — *Sexualaufklärung:*

Eine Sechsjährige, die wegen außergewöhnlich aggressiven Wesens
in Behandlung geschickt wurde und deren Eltern vom Therapeuten
verlangt hatten, er möge ihr Kind, falls es sich als nötig erweisen
sollte, sexuell aufklären, meldet eines Tages: „Den Meiers nebenan
hat der *Storch* ein Büblein gebracht!" Sie betont das Wort „Storch".
„Der Storch?" erkundige ich mich.

Trotzig: „Ja, der Storch!"

„Bist du sicher, daß es der Storch war?"

„Ja, Mutti hat es gesagt!"

„Und trotzdem bist du nicht so ganz sicher. Sonst hättest du einfach gesagt: ,Meiers nebenan haben ein Büblein bekommen!' und du hättest das Wort ,Storch' nicht verwendet und so hervorhebend ausgesprochen, wie du es getan hast. — Oder wie ist es denn?"

Die Kleine gibt zu: „Ja — der Storch — woher hat er denn das Büblein geholt?"

Wir haben uns also nicht getäuscht! Das Kind *zweifelt* am Storchenmärchen.

„Hat dir denn Mutti nicht mitgeteilt, wo der Storch das Büblein hergeholt hat?"

„Doch — ja — aus dem Kindleinteich, hat sie gesagt!"

„Aus dem Kindleinteich?"

Das Mädchen wartet einen Augenblick. Darauf: „Aber dann würden die Kindlein ja drin ertrinken!" ruft es. „Ich habe zugesehen, wie die Hebamme das Kleine im Wännchen badete. Sie hielt ihm den Kopf übers Wasser und sagte, es müsse sonst ertrinken!"

„Siehst du — aber hast du diesen Einwand deiner Mutti nicht mitgeteilt?"

„Nein!" kommt zögernd Antwort.

„Warum denn nicht?"

Die Kleine windet sich, zieht die Schultern hoch. „Ich — ich weiß es selber nicht recht!"

„Scheutest du dich?"

„Nein! — Aber wenn sie mir doch *gesagt* hat, das Büblein komme aus dem Kindleinteich!" wehrt sie sich.

„Da *muß* man dran glauben, gelt! — Aber du kannst nicht recht dran glauben, seh' ich, obwohl du gern möchtest. — Also — *können* Störche wirklich Kinder bringen?"

„Sie schlüpfen vielleicht aus den Eiern aus!"

„Hast du schon Eier aufgehen sehen, die ausgebrütet worden waren?"

„Nein. Aber die Frau Lehmann hat gesagt, als sie Küchlein bekommen hatte, sie seien ausgeschlüpft. Sie habe der Henne auch Enteneier untergelegt, und daraus sind die drei Entlein ausgeschlüpft!"

„Und du meinst, aus Storcheneiern würden kleine Menschenkinder ausschlüpfen?"

„Nein, Störchlein!"

Und so weiter: Was ich habe darstellen wollen, das ist, *wann* wir aufzuklären haben (wir werden es unter Umständen die Eltern tun lassen, oder wir werden uns die Ermächtigung zum Aufklären bei ihnen einholen), und *in welcher Art und Weise* wir, wenn schon wir aufklären müssen, vorgehen. Wir werfen den Kindern nichts an den Kopf. Sie müssen sich auf ihr instinktives Wissen über sexuelle Dinge selber besinnen — sie müssen sich, was sie wissen wollen oder sollen, selber erarbeiten. Wir stellen uns nur auf ihren Standpunkt und formulieren ihre Zweifel. Was unrichtig ist an ihren Vermutungen und (bereits in Wortvorstellungen formulierten) Phantasien, klären die Kinder unter unserer Kontrolle selber.

Wenn wir so als Helfer figurieren, tun wir nur, was eigentlich von den Eltern längst hätte getan werden müssen. Wir holen etwas nach.

Im Grunde ist es falsch, „Sexualaufklärung" zu treiben, denn sie dient ja nur der Sexualverdrängung, genau wie das Storchenmärchen: Die Eltern [1], die ihr Kind sexuell aufklären (und sich gewöhnlich recht viel darauf einbilden), wollen den sexuellen Gelüsten, der Sexualneugier, den Sexualspielen vorbeugen oder sie für die Zukunft verhindern. Sexualaufklärung sollte als ein Stück Sexualerziehung innerhalb der gewöhnlichen Erziehung organisch eingeordnet gepflogen werden, und dazu gehört mehr als Worte. Vor allem gehört das Erlernen des Geduldig-warten-Könnens dazu, das Aufsparen-Können der Erfüllung der Triebwünsche, das Verzichtleisten-Können. Wenn ein Kind in seinem Rahmen dies zu tun vermag, wird kein Schaden gestiftet, falls es einmal mit einer sexuellen

---

[1] Die Eltern sind oftmals zu einer dem Kinde entsprechenden Aufklärung gar nicht imstande; sie verbrämen — ihrer eigenen sexuellen Schuldgefühle wegen — die Dinge mit religiösen Floskeln, oder sie verbinden sie mit

Frage an uns herantritt und wir sie ihm ohne Affekt sachlich beantworten — etwa dann, wenn, wie bei Kareli, ein Erlebnis das sexuelle Problem für den jungen Menschen aktuell gemacht hat. Und auch dann ist es vorteilhaft, das Kind die Antwort selber finden zu lassen, statt sie ihm fix und fertig mitzuteilen. Denn wir können nicht wissen, wieviel es wissen möchte — wir laufen Gefahr, ihm allzuviel zu sagen und es damit in neue Probleme hineinzustoßen.

Das nicht eingeschüchterte Kind frägt genau so viel, als es jeweilen zu wissen begehrt. Die selbsterarbeitete Antwort befriedigt es, und erst später tauchen neue Fragen auf. Gewöhnlich will das Kind zuerst wissen, woher ein Säugling kam. Es interessiert sich für den Geburtsvorgang. Später fragt es sich, wie das Kind in die Mutter hineinkam, und setzt sich mit seinen Zeugungsphantasien auseinander.

Seine Phantasien, die zuerst unbewußt sind, werden allmählich in Wortvorstellungen geformt und bewußt — in dem Maße, als sich sein Denken demjenigen der Erwachsenen anzugleichen beginnt. Im Grunde jedoch „weiß" es von vornherein alles. Es kann sein Wissen nur darum nicht an den Tag legen, weil es durch die Erziehung, die der Sexualabwehr dient, vermauert ist: Die Umsetzung des ursprünglichen instinktiven Wissens in die Schicht des Bewußten ist verhindert.

---

poetischen Blümchen und gehen trotzdem viel zu gröblich vor. Besonders der Zeugungsvorgang wird verschleiert, weil die Erwachsenen vor den Kindern niemals zugeben wollen, er sei mit Lust verbunden. Die Sexuallust ist die Quelle der sexuellen Schuldgefühle, die wach werden, wo ein Kind aufgeklärt werden soll; außerdem finden die Eltern meist die Formulierungen darum nicht, weil sie das, was das Kind wissen möchte, nicht mit ihm erarbeiten, sondern ihm an den Kopf werfen.

Ferner: Das Kind empfindet, daß sich die Eltern bei der Sexualaufklärung in unfreiem, gewundenem Zustand befinden, es spürt die Angst der Aufklärer und — übernimmt sie, wird auch unfrei gegenüber sexuellen Dingen (wenn es nicht schon vorher durch die Erziehung unfrei gemacht worden ist). So gilt auch hier Schillers Wort vom „Fluch der bösen Tat", die „fortzeugend Böses muß gebären". Im Hintergrunde stecken Inzestphantasien und die durch sie bewirkte Strafangst.

Wenn jemand die geschilderte Art Kinderpsychotherapie, die ohne Deutung und Bewußtmachen des Unbewußten arbeitet, als *„Erziehung"* bezeichnen und so ablehnen möchte, den Vorgang mit dem Worte *„Therapie"* auszuzeichnen, hat er nur bedingt recht.

Falls wir — z. B. — einen *Pavor nocturnus* ausschließlich mit dem Mittel bestimmter Spiele (also ohne Aufzeigen der unbewußten Abläufe, ohne Deuten der unbewußten Symbolik usw.) zur *Heilung* bringen, ist das Mittel zweifellos würdig, als „Therapie" bezeichnet zu werden. Eine jede Technik, die Heilungen zustande bringt, verdient den Namen einer Therapie.

Andernteils ist zuzugeben, daß bei der Spieltherapie auch „erzogen" wird; denn alle Erziehung geht (wie wir es unter Umständen bei der Spieltherapie auch tun) darauf aus, auf dem Wege der Ich-Stärkung das Kind zu befähigen, seine primitiv-asozialen Triebregungen einzudämmen, zu beherrschen.

Indessen arbeitet die landläufige Erziehung mit Geboten und Verboten und setzt deren Einhalten mit Strafen, Liebesentzug oder mit Belohnungen und Liebeszuwendung durch. Bei jener „Erziehung" jedoch, wie sie im Falle Luischens und Ludwigs praktiziert wurde durch den Erziehungshelfer (bzw. Kinderpsychotherapeuten), blieb jede Zwangsmaßnahme aus: Es wurde nichts geboten oder verboten, es wurde weder mit Strafandrohungen, Strafen, noch mit Belohnungen gefochten. Schon deshalb erscheint es präziser, dem Verfahren den Namen einer „Therapie" zu geben, um es von der Erziehung zu unterscheiden.

Im übrigen kommt es auf den Namen gar nicht an: Hauptsache, daß dem Kind, das leidet oder sich fehlentwickelt, *geholfen* wird. Und so ist nicht entscheidend, daß das, was sich bei solch einer Kur zeigt, mit irgendeiner vorgefaßten psychologischen Theorie übereinstimme oder nicht: Die Kur wird nicht als Beleg für Theorien mit Erfahrungsmaterial durchgeführt, sondern um etwas auf die rechte Bahn zu stellen, was abwegig war oder es werden wollte.

Geist und Psyche
Begründet von Nina Kindler 1964

Kinderpsychologie

Gordon W. Allport
Werden der Persönlichkeit
Band 42127

Bruno Bettelheim
Die Geburt des Selbst
Band 42247

Gerd Biermann (Hg.)
**Handbuch der
Kinderpsychotherapie**
Band 42299

John Bowlby
Trennung
Band 42171
Bindung
Band 42210
Verlust
Band 42243

Urie Bronfenbrenner
**Die Ökologie der
menschlichen Ent-
wicklung**
Band 42312

Dorothy Burlingham
Labyrinth Kindheit
Band 42256

Anna Freud
**Einführung in die Technik
der Kinderanalyse**
Band 42111

Herbert Goetze/
Wolfgang Jaede
**Nicht-direktive
Spieltherapie**
Band 42262

Hans Gustav Graber
Pränatale Psychologie
Band 42123

Klaus E. Grossmann (Hg.)
**Entwicklung der Lern-
fähigkeit in der
sozialen Umwelt**
Band 42177

David Kadinsky
**Die Entwicklung des
Ich beim Kinde**
Band 42242

Fischer Taschenbuch Verlag

Geist und Psyche
Begründet von Nina Kindler 1964

Kinderpsychologie

Melanie Klein
**Frühstadien des
Ödipuskomplexes**
Band 42268

Ein Kind entwickelt sich
Band 42222

**Die Psychoanalyse
des Kindes**
Band 42291

Pierre Mâle
**Psychotherapie
bei Jugendlichen**
Band 42248

Willi Meyer/
Gertrud Wydler
Anja
Band 42283

Peter Orban
Menschwerdung
Band 42282

Carl R. Rogers
Lernen in Freiheit
Band 42307

Alexander Stachiw/
Georg Spiel
**Entwicklung der
Aggression bei Kindern**
Band 42169

Daniel Widlöcher
**Was eine Kinder-
zeichnung verrät**
Band 42254

D.W. Winnicott
**Von der Kinderheilkunde
zur Psychoanalyse**
Band 42249

**Reifungsprozesse und
fördernde Umwelt**
Band 42255

**Familie und
individuelle Entwicklung**
Band 42261

Fischer Taschenbuch Verlag

Geist und Psyche
Begründet von Nina Kindler 1964

Psychoanalyse

Hilda Abraham
Karl Abraham
Band 42213

Raymond Battegay
**Psychoanalytische
Neurosenlehre**
Band 42279

J. Cremerius /
Sven O. Hoffmann /
W. Trimborn
**Psychoanalyse, Über-Ich
und soziale Schicht**
Band 42206

Kurt R. Eissler
**Todestrieb, Ambivalenz,
Narzißmus**
Band 42208

Sándor Ferenczi
**Zur Erkenntnis
des Unbewußten**
und andere Schriften
zur Psychoanalyse
Band 42194

Anna Freud
**Das Ich und die
Abwehrmechanismen**
Band 42001
**Einführung in die Technik
der Kinderanalyse**
Band 42111

André Haynal
**Die Technik-Debatte
in der Psychoanalyyse**
Freud, Ferenczi, Balint
Band 42311

Werner W. Kemper
**Der Traum und
seine Be-Deutung**
Band 42184

Melanie Klein
Ein Kind entwickelt sich
Band 42222
**Die Psychoanalyse
des Kindes**
Band 42291

Thomas Köhler
**Abwege der
Psychoanalyse-Kritik**
Band 42318

Fischer Taschenbuch Verlag

Geist und Psyche

Begründet von Nina Kindler 1964

Psychoanalyse

Peter Kutter
**Psychoanalyse
in der Bewährung**
Band 42263

Peter Kutter / Jörg K. Roth
**Psychoanalyse an
der Universität**
Band 42228

Stavros Mentzos
**Neurotische
Konfliktverarbeitung**
Band 42239
Hysterie
Band 42212
Angstneurose
Band 42266

Humberto Nagera (Hg.)
**Psychoanalytische
Grundbegriffe**
Band 42288

Horst Petri
Angst und Frieden
Band 42294

Theodor Reik
**Die verschlungenen
Wege des Selbst**
Band 42235

Jürgen vom Scheidt
Der unbekannte Freud
Band 42292

Harold Stern
Die Couch
Band 42308

·D. W. Winnicott
**Von der Kinderheilkunde
zur Psychoanalyse**
Band 42249
**Reifungsprozeß und
fördernde Umwelt**
Band 42255
**Familie und
individuelle Entwicklung**
Band 42261

Anton Zottl
Otto Rank
Band 42229

Fischer Taschenbuch Verlag

fi 350 / 8 b

Geist und Psyche
Begründet von Nina Kindler 1964

Psychologische Ratgeber

Gordon W. Allport
**Werden der
Persönlichkeit**
Band 42127

Raymond Battegay
**Psychoanalytische
Neurosenlehre**
Band 42279

Hellmuth Benesch (Hg.) u.a.
Psychologie-Lesebuch
Band 42310

Gerd Biermann (Hg.)
**Handbuch der
Kinderpsychotherapie**
Band 42299

Robert Bossard
Traumpsychologie
Band 42301

Leon Chertok
Hypnose
Band 42102

Maurice Dongier
Neurosen
Band 42241

Hans Driesch
Parapsychologie
Band 42030

John Eccles / Hans Zeier
Gehirn und Geist
Band 42225

Lili Fleck
Weiblicher Orgasmus
Band 42170

Viktor E. Frankl
Ärztliche Seelsorge
Band 42157

Anna Freud
**Einführung in die
Technik der
Kinderanalyse**
Band 42111

Fischer Taschenbuch Verlag

fi 356/4a

Geist und Psyche
Begründet von Nina Kindler 1964

Psychologische Ratgeber

Gesellschaft für
wissenschaftliche
Gesprächstherapie
**Die klientenzentrierte
Gesprächspsychotherapie**
Band 42149

Herbert Goetze /
Wolfgang Jaede
**Nicht direktive
Spieltherapie**
Band 42262

Gustav Hans Graber
Pränatale Psychologie
Band 42123

Martin Grotjahn
**Kunst und Technik
in der Analytischen
Gruppentherapie**
Band 42270

Annelise Heigl-Evers /
Franz Heigl
**Gelten und Geltenlassen
in der Ehe**
Band 42128

**Lieben und Geliebt-
werden in der Ehe**
Band 42118

Robert Heiss
**Allgemeine
Tiefenpsychologie**
Band 42088

Werner W. Kemper
**Der Traum und
seine Be-Deutung**
Band 42184

Christa Kniffki
**Transzendentale
Meditation und
autogenes Training**
Band 42197

Fischer Taschenbuch Verlag

fi 356 / 6 b

Geist und Psyche

Begründet von Nina Kindler 1964

Neuere Psychotherapien

Gaetano Benedetti
**Der psychisch Leidende
und seine Welt**
Band 42139

Eric Berne
**Was sagen Sie, nachdem Sie
»Guten Tag« gesagt haben?**
Band 42192
**Struktur und Dynamik
von Organisationen
und Gruppen**
Band 42201

Bruno Bettelheim
Aufstand gegen die Masse
Band 42217
Die Geburt des Selbst
Band 42247

Medard Boss
**Sinn und Gehalt der
sexuellen Perversionen**
Band 42080

Hilde Bruch
**Grundzüge der
Psychotherapie**
Band 42295

Gion Condrau
**Einführung in die
Psychotherapie**
Band 42115

Gesellschaft für
wissenschaftliche
Gesprächstherapie
**Die klientenzentrierte
Gesprächspsychotherapie**
Band 42149

Herbert Goetze/Wolfgang Jaede
Nicht direktive Spieltherapie
Band 42262

Martin Grotjahn
**Kunst und Technik
in der Analytischen
Gruppentherapie**
Band 42270

Institutsgruppe Psychologie
der Universität Salzburg (Hg.)
Jenseits der Couch
Band 42264

Abraham A. Maslow
Psychologie des Seins
Band 42195

Gertrud Orff
Die Orff-Musik-Therapie
Band 42193

O. G. Wittgenstein
**Märchen, Träume,
Schicksale**
Band 42300
**sagen – hören – sehen
Von den Entbindungen des
Bewußtseins**
Band 42257

Fischer Taschenbuch Verlag

Jean Piaget

Gesammelte Werke

Unter Mitwirkung von Bärbel Inhelder, Alina Szeminska
Aus dem Französischen. Studienausgabe

Klett-Cotta
Postfach 10 60 16, 7000 Stuttgart 10